日本労働法学会誌116号

東アジアにおける労働紛争処理システムの現状と課題

日本労働法学会編
2010
法律文化社

目　次

《日本労働法学会創立60周年記念シンポジウム》
東アジアにおける労働紛争処理システムの現状と課題

《報告》
韓国における労働紛争処理システムの現状と課題……李　　　　鋌　3
台湾における労働紛争処理システムの現状と課題……王　　能君　21
中国における労働紛争処理システムの現状と課題……彭　　光華　37
東アジア労働紛争解決システムの中の日本…………野田　　進　50
　　――その位置と課題――

《シンポジウムの記録》
東アジアにおける労働紛争処理システムの現状と課題…………　65

《日本労働法学会創立60周年記念エッセイ》
学会の隆盛，しかし学界は？……………………………西谷　　敏　91
「責任ある自治」の法としての労働法……………………渡辺　　章　96
労働法学60周年によせて……………………………………毛塚　勝利　100
　　――「ポスト戦後労働法学」の30年――
最大化するジェンダー・ギャップ………………………浅倉むつ子　105
　　――労働法は何ができるのか――
問題関心を維持する工夫……………………………………道幸　哲也　110
グローバル経済危機は労働法に何を提起したのか……石田　　眞　114

《個別報告》

イギリス平等法制の到達点と課題……………………宮崎　由佳　121

労働市場における労働者派遣法の現代的役割 ………本庄　淳志　134
　　——契約自由と法規制との相克をめぐる
　　　日本・オランダ・ドイツの比較法的分析——

フランスにおける企業倒産と解雇……………………戸谷　義治　149

《回顧と展望》

偽装請負における請負業者の従業員と
　就労先企業との間の黙示の労働契約の成否 ………中島　正雄　165
　　——パナソニックプラズマディスプレイ（パスコ）事件・
　　　最二小判平21・12・18労判993号5頁——

退職後に顕在化した紛争に基づく
　団交応諾義務の成否 …………………………………池田　　悠　175
　　——兵庫県・兵庫県労委（住友ゴム工業）事件・
　　　大阪高判平21・12・22労判994号81頁〔要旨〕, 労経速2065号3頁——

日本学術会議報告………………………………………浅倉むつ子　187
日本労働法学会第119回大会記事………………………………………　190
日本労働法学会第120回大会案内………………………………………　196
日本労働法学会規約………………………………………………………　197
SUMMARY …………………………………………………………………　201

《日本労働法学会創立60周年記念シンポジウム》

東アジアにおける労働紛争処理システムの現状と課題

《報告》
韓国における労働紛争処理システムの現状と課題　　　　　李　　　鋌
台湾における労働紛争処理システムの現状と課題　　　　　王　能　君
中国における労働紛争処理システムの現状と課題　　　　　彭　光　華
東アジア労働紛争解決システムの中の日本――その位置と課題――　　野田　進

《シンポジウムの記録》
東アジアにおける労働紛争処理システムの現状と課題

韓国における労働紛争処理システムの現状と課題

李　鋌

（韓国外国語大学）

I　はじめに

　韓国において労働法の四本柱ともいえる勤労基準法，労働組合法，労働争議調整法，労働委員会法は，朝鮮戦争中である1953年に制定された[1]。制定当時は，政治的変革期だったために，労働法案の内容に関する十分な議論や検討が行われずに，旧日本植民地時代に適用されていた旧日本労働法をモデルにして草案が作られた。そのために，当時は，労働法制においてはもちろん，労働紛争解決システムにおいても日本の法制度に似ていた。例えば，韓国においても日本と同様に，労働争議や不当労働行為のような集団紛争を解決するための労働委員会制度をはじめ，勤労基準法に違反する行為を監督・是正するための勤労監督官制度と，最終的かつフォーマルな労働紛争解決機関として裁判制度を置いていた。
　もっとも，こうした労働紛争解決システムは，その後の労働環境の変化に伴い徐々にその組織や役割が変化し，現在は制定当時に較べてより多様な労働紛争を専門的に解決する制度として変遷してきた。例えば，労働委員会は，そもそも労働争議や不当労働行為といった集団的労使紛争を解決するために導入されたものの，80年代に入ってから個別的労働紛争が大幅に増加するに伴い，その管轄範囲が不当解雇などの個別紛争まで広がるようになった。その結果，本来であるならば不当労働行為などの集団紛争の解決が労働委員会の中心的業務であるはずだが，現在は不当解雇等のような個別紛争の解決にウェイトが置か

---

[1]　韓国労働法の制定背景や労使紛争解決システムとの関係については，李鋌「韓国・労使紛争解決システムと労使関係」Business Labor Trend, 2006年2月号参照。

れる逆転現象が生じている。労働委員会は，さらに，2007年に制定された，いわゆる「非正規職保護法律」に基づいて有期雇用・パート・派遣雇用に対する差別是正業務をはじめ，2008年には，新たに「必須維持業務」の決定業務が加わり，2011年からは「交渉窓口単一化業務」まで取り扱う予定となり，その管轄範囲が益々拡大する傾向にある。

しかし，労働委員会は，沿革的に集団紛争の解決を前提に設計された制度であるだけに，解雇事件等のような個別紛争を解決するには生来的限界がある。そこで，最近は，司法改革の一環として，労働委員会制度の再編や労働裁判制度の導入など，労働紛争解決システムを改革しようとする議論が行われている。

そこで，以下では，現在の労働紛争解決システムの全体像・実態・問題点などについて紹介・分析した上で，労働紛争解決システムの見直しをめぐる最近の論議について検討する。

II　労働紛争解決システムの概観

1　労働委員会

(1)　構成と紛争処理プロセス

労働委員会は，公益・労・使をそれぞれ代表する同数の委員からなり，主として労働争議に対する調整業務と不当労働行為・不当解雇等に対する判定業務や非正規職労働者に対する差別是正業務などを行う独立行政機関である[2]。労働委員会は，前述したように，当初は不当労働行為の救済や労働争議の調整を主たる任務としていたが，1989年の勤労基準法改正の際に個別的な解雇紛争等まで取り扱うようになり，さらに2007年7月より非正規職保護法律が施行されてからは非正規職労働者に対する差別是正業務をはじめ，2008年からは，「必須維持業務」の決定業務まで管轄範囲が広がるようになった。

労働委員会は，中央労働委員会（以下，中労委），地方労働委員会（以下，地労委），特別労働委員会の3種類があり，中労委（ソウルに1ヶ所）と地労委（地方

---

[2]　韓国の労働委員会制度全般に関する最新情報は，野田進「韓国における不当解雇等の労働委員会による救済」季刊労働法第226号（2009年）242頁以下参照。

表1　労働委員会における救済申立状況

(単位：件，%)

区　分	2002年	2003年	2004年	2005年(%)	2006年(%)
計	8,024	6,799	7,606	8,295(100.0)	8,631(100.0)
不当労働行為	1,787	1,332	1,262	1,382(16.7)	1,629(18.9)
不当解雇等	5,348	5,246	6,163	6,701(80.8)	6,786(78.6)
その他	889	221	181	212(2.5)	216(2.5)

出所：中央労働委員会『労働委員会年報』2007年（第9号）
※『労働委員会年報』は，2007年第9号を最後に刊行していない。

に12ヶ所）は労働部長官の下に設置されており，特別労働委員会としては国土海洋部長官の下に船員労働委員会（11ヶ所）が設けられている。労働委員会は，裁判所とは異なり，労働紛争を迅速かつ低廉に解決するために出訴期間を短くするほか，[3] 弁護士に代わって比較的に費用の安い公認労務士[4]による代理を認めている。

　労働委員会における紛争処理手続は，労使当事者が地労委に対して救済の申立や調整を申請することから始まる。地労委の決定や判定に不服のある当事者は，中労委に再審査を求めることができる。労働委員会は，審問の結果，申立事実の全部または一部について理由があると判定したときは，その全部または一部に対して救済命令を発し，理由がないと判定したときには，棄却命令を発する。中労委の決定や判定に不服のある当事者は，さらに行政裁判所に行政処

---

3)　地労委への申立ては，違法行為があった日から3ヶ月以内に行わなければならず，地労委の決定または命令に不服のある場合は，その決定または命令が送達されてから10日以内に中労委に再審査を申請しなければならない。さらに，中労委の決定または命令に対する取消訴訟は，その決定または命令送達の日から15日以内に行政裁判所（第一審）に提起しなければならない。

4)　公認労務士とは，日本の「社会保険労務士」にあたる労働問題専門家であり，主に諸行政機関に提出または申告する業務や書類の作成，訴訟代理，労働相談などを行っている。2009年12月現在，公認労務士協会に正式に登録されている公認労務士は2,600人のうち1,500人程度であり，そのうち，約600人が開業している。公認労務士は，弁護士と並んで労働委員会における代理業務を行っており，労働委員会における労働事件の8割以上は公認労務士が代理する状況である。また労働委員会は，申立人である労働者に経済的に支援する必要があると判断されたら，指定労務士（国選公認労務士）をして代理させるケースも度々ある。この際の国選公認労務士費用は，すべて国が負担する。ただし，公認労務士は裁判手続においては代理権を持たない。

表2　労働委員会における調停・仲裁

□調停
(単位：件，%)

年度別	調停申請	処理状況					成功率
		計	成立	不成立	行政指導	取下撤回等	
2008	810	784	451	234	51	48	65.8
2007	885	871	500	272	37	62	64.8
2006	758	739	340	303	22	74	52.9
2005	891	875	433	317	16	109	57.7
2004	868	852	379	407	29	37	48.2

□仲裁

年度別	処理件数	仲裁裁定	取下・撤回
2008	5	2	3
2007	8	4	4
2006	12	7	5
2005	18	10	8
2004	21	11	10

出所：以上の資料は，いずれも中央労働委員会の資料によるものである。
※『労使紛争，労働委員会が解決します』(2009年)

分取消訴訟を提起することができる。

　労働委員会における紛争処理状況をみると，判定事件・調整事件ともに1988・89年をピークとして徐々に減少する傾向となっている。この時期に労働紛争が急増したのは，政治的民主化の影響を受けて大規模の労働争議が発生したためであり[5]，その後は労使関係の沈静化に伴い労働争議（調整事件）は徐々に激減している。

(2)　調停業務

　労働委員会は，労働組合と使用者との間に賃金，労働者福祉，解雇，その他待遇などのような労働条件に関する主張の不一致によって労働争議が生じた場

---

[5]　韓国は，1987年から1988年にわたってかつて経験したこともない多くの労使紛争が発生したが，そのきっかけとなったのが1987年のいわゆる「民主化宣言」である。同宣言は，文字通りに政治民主化の宣言に過ぎないけれども，その波及効果は経済や社会・労働分野に至るまで大きかった。労働分野に限っていうと，永年にわたり労働組合の念願だった組合活動に対する制限規定が廃止され，労働組合運動が活発になる契機となった。

合，当事者双方または一方の申請により，調停や仲裁を行う。

労働委員会は，調停事件が受理されると，一般事業では「調停委員会」が，そして公益事業では「特別調停委員会」がそれぞれ構成される。調停委員会は，公益・労使をそれぞれ代表する各1人からなり，労働者委員は使用者が，そして使用者委員は労働組合が推薦した者を指名しなければならない。

調停委員会は，調停手続が開始されると，関係当事者を呼び出し，争点の確認や調停案の作成のほかに，当事者が調停案を受諾するよう働きがけなどをする。調停委員会は，調停が終わると調停会議を開き，調停案を提示して受諾を薦めるか，あるいは行政指導を行う[6]。しかし，労使間の意見があまりにも大きく，調整が成立する見込みがない場合には，調停案を提示せずに調停を終了する。

(3) 仲裁業務

仲裁手続は，①労働紛争の当事者が申請した場合，②当事者一方が労働協約に基づいて申請した場合，③緊急調停が成立する可能性がないと認められ，仲裁に回付された場合に開始される。

仲裁委員会は，調停担当公益委員の中から合意によって選定された3人の委員からなる。当事者間の合意が成立しない場合は，委員長が指名する調停担当公益委員3人からなる。仲裁委員会は，関係当事者双方または一方を仲裁委員会に出席させ，争点を確認する。

仲裁委員会の仲裁裁定は，書面で作成され，効力発生期日を明示しなければならない。仲裁裁定の法的効力は，労働協約と同一である。仲裁裁定の解釈やその履行方法をめぐって当事者間に意見が異なる場合には，当該仲裁委員会の解釈に従わなければならず，この際の解釈もやはり仲裁裁定と同じ効力を有する。

関係当事者は，地方労働委員会の仲裁裁定が違法または権利の濫用に当たると判断されると異議申立をすることができるが，仲裁裁定書が送達されてから10日以内に中央労働委員会に再審を申請することもできる。中央労働委員会の

---

[6] 当事者の不適格，交渉不振などのように，労働争議が生じない状態で調停を申請した場合には，行政指導を通じて他の方法で解決するように告知する。

表3　労働委員会における必須維持業務 (単位：件，％)

区分 年度	計	処理件数							
		地方労働委員会（初審）				中央労働委員会（再審）			
		小計	決定	取下	その他	小計	決定	取下	その他
2008	97	97	47	47	1	―	―	―	―

出所：以上の資料は，いずれも中央労働委員会の資料によるものである。
※『労使紛争，労働委員会が解決します』(2009年)

仲裁裁定あるいは仲裁再審裁定が違法または権利の濫用に当たると判断されると，仲裁裁定書または再審決定書が送達されてから15日以内に行政訴訟を提起することができる。

(4) 必須維持業務

必須公益事業のうち，その業務の停止・廃止が公衆の生命・健康または身体の安全または公衆の日常生活を著しく危うくする業務は，たとえストライキ中であったも維持しなければならない，いわゆる「必須維持業務制度」が2008年1月1日より導入された。

この必須維持業務の範囲（対象）や運営水準・対象職務・必要人員などについては，労使が自律的に協定を締結するのが望ましいが，自律的な協定締結ができない場合には，双方または一方当事者の申請により労働委員会が決定する。労働委員会の決定は労働協約と同様の効力が生じると解される[7]。こうした労働委員会の決定に不服の場合は，上記の仲裁と同様に再審または行政訴訟を提起することができる。

(5) 判定業務

労働委員会は，もともと不当労働行為に対する判定業務を中心としてきたが，1989年の勤労基準法の改正以来，「不当解雇等」一定の個別紛争も取り扱われるようになった。その結果，労働委員会における紛争処理状況をみると，不当労働行為事件より不当解雇などの個別事件が圧倒的に多くなっており，特に90

---

[7] ただし，労働委員会の仲裁決定による「必須維持業務協定」については，労働委員会が同協定締結を強制している点，同協定を労働協約と解する根拠規定が異なる点などから，労働協約の性質を否定する見解もある。これに関する詳細は，李鋌『病院内罷業規制に関する比較法的考察』（青木出版社，2010年）39頁以下参照。

表4　労働委員会における審判事件

(単位：件)

年度別	計	初審（地方労働委員会）					再審（中央労働委員会）			
		小計	認定	棄却	却下	和解取下	小計	初審認定	初審取消	和解取下
2008	10,004	8,502	960	1,326	380	5,836	1,502	953	172	377
2007	8,028	6,540	885	1,137	261	4,257	1,488	953	212	323
2006	7,378	5,696	987	1,448	323	2,938	1,682	961	200	519
2005	6,703	5,486	1,030	1,146	218	3,092	1,217	678	145	394
2004	6,221	5,059	956	1,001	235	2,867	1,162	656	87	419

出所：以上の資料は，いずれも中央労働委員会の資料によるものである。
※『労使紛争，労働委員会が解決します』(2009年)

年代後半の金融危機を経験してからは雇用調整に伴うリストラ解雇事件が急激に増え，現在は労働委員会に持ち込まれる事件の約8割を解雇事件などが占めている。

労働委員会では，審問に先立って和解による解決を進めているために，審判事件の半数は和解によって終結している（和解率は，約30％）。また，労働委員会における審判処理期間は平均52日であり，行政訴訟において再審が維持される比率は約85％となっている（いずれも2008年の統計である）。

審判事件を受理する際に，公認労務士制度に関する情報を積極的に広報した結果，公認労務士が代理人となっている事件が1,143件となっており，履行強制金制度の施行により救済命令の履行率も高くなっている（80.4％）。

(6)　差別是正業務

2007年7月からスタートした，いわゆる「非正規職保護法律」に基づいて，有期雇用・パート・派遣労働者に対する合理的理由のない差別（賃金などの労働基準上の差別が中心となる）が禁止されるとともに，労働委員会がその差別是正業務を担当するようになっている[8]。

労働委員会は，差別事件が受理されると，差別是正公益委員3人からなる差

---

8)　非正規職労働者の数は，政府側と労使側の主張が異なるが，韓国政府（統計庁，2009年）によると，全体労働者の35.2％が非正規職労働者であり，そのうち6割以上は「有期雇用」である。非正規職労働者の労働条件は，正規職労働者に比べ，賃金は65.3％，社会保険は40％に留まっていると報じられている。

日本労働法学会創立60周年記念シンポジウム（報告①）

表5　労働委員会における差別是正

(単位：件)

年度	計	初審（地方労働委員会）						再審（中央労働委員会）					
		小計	是正命令	棄却	却下	取下	調停	小計	是正命令	棄却	却下	取下	調停
2008	2,091	2,040	78	572	75	839	476	51	18	20	7	4	2
2007	156	64	15	3	73	1	―	―	―	―	―	―	―

出所：以上の資料は，いずれも中央労働委員会の資料によるものである。
※『労使紛争，労働委員会が解決します』（2009年）

別是正委員会が審問を通じて是正命令を発したり，場合によっては当事者または一方当事者あるいは職権により調停手続を開始することができるし，当事者が仲裁手続に合意する場合には仲裁を行う。

2　裁判所[9]

　韓国では，日本と同様に，労働紛争を専属管轄する特別裁判所は存在せず，解雇を含む労使紛争は，一般民事事件とともに裁判手続を通じて処理されている。裁判手続は，日本と同じく「三審制」となっており，その他に仮処分手続，民事調停手続，審理手続，救済内容などにおいても，日本とほとんど変わりがない。

　中労委の決定や判定に対する取消を求める行政訴訟を提起する場合は，日本と異なり，行政裁判所が第一審となる。行政裁判所の控訴審は高等裁判所であり，その上告審は最高裁判所である。したがって，労働委員会における紛争処理手続は，地労委→中労委→行政裁判所→高等裁判所→最高裁判所といった「五審制」となる。

　裁判所は，訴額2,000万ウォン以下の事件を担当する「小額裁判部」と軽微または簡単な事件を担当する「単独裁判部」，また比較的争点が複雑な事件を担当する「合意部」の三つに分かれている。民事裁判手続における労働関係事件の受理件数をみると，賃金関係が最も多い14,676件を占めており，その次が損害賠償関係で1,859件，退職金関係が848件，解雇関係が202件の順となって

―――
9)　韓国では，憲法裁判所以外のすべての裁判所を「法院」と呼んでいる。

表6 行政訴訟手続

(単位:件,%)

区分	訴訟遂行結果				再審維持率(%)*
	計	勝訴	敗訴	取下	
2008	431	250	65	116	84.9
2007	422	236	58	118	83.9
2006	319	161	65	93	79.6
2005	264	148	44	72	83.3
2004	188	156	32	61	83.0

出所:以上の資料は,いずれも中央労働委員会の資料によるものである。
※『労使紛争,労働委員会が解決します』(2009年)
*再審維持率:(勝訴+取下)/訴訟終結件数×100

表7 民事裁判手続に受理された労働関係事件の内訳(2003年)

(単位:件)

事件区分	解雇	賃金	退職金	損害賠償	計
単独裁判部	16	1,284	107	1,603	3,010
合意部	159	234	40	37	470
小額裁判部	27	13,158	701	219	14,105
合計	202	14,676	848	1,859	17,589

出所:裁判所行政処

いる(表7参照)。一方,行政裁判手続における労働事件の受理件数をみると,2000年に400件強に過ぎなかったものが,2001年以後は500件を超えるなど益々増えている。

韓国では,以上の一般裁判手続とは別に,憲法裁判所が設けられている点でも日本とは異なる。憲法裁判所は,法律の違憲有無,弾劾,政党の解散,国家機関および地方自治団体相互間の権限争議,憲法訴願などを審判するために,1988年に設立された特別裁判所である(憲法裁判所法第2条)。同裁判所は,1989年1月25日,初の違憲判決を下して以来,これまで数多くの違憲判決を出しており,なかには労働関係法令に関するものもかなり多い。

3 法律救助公団

法律救助公団は,経済的困難や法的無知のために法的保護を十分に受けられ

ない国民を救助するために1987年9月1日に創立された法務部（法務省）傘下の特殊法人である[10]。この公団は，法務部長官が任命する理事長1人や14人以内の理事などからなり，ソウルに本部があり，全国地方検察庁に対応して11ヶ所の支部，ソウル地方検察庁管轄地庁に対応して4ヶ所の直轄出張所，地方検察庁管轄32ヶ所地庁に対応して32ヶ所出張所をもっており，そこには弁護士10人，職員79人のほかに，法務部所属兼職職員など約200人が働いている（2009年5月，現在）。

公団の内部規則によれば，法律救助の対象となるのは「民事・家事事件，国務総理行政審判委員会および各市・道行政審判委員会の行政審判事件，行政訴訟事件，憲法訴願事件，刑事事件」となって，多様な事件を網羅している。ただし，「国を当事者とする訴訟に関する法律」による国家訴訟事件（国を当事者または参加人とする訴訟）は原則的に救助の対象から除外しており，例外的に国家賠償法による損害賠償事件のみを救助の対象としている（第5条2項）。

また，公団の内部規則によると，法律救助のうち，民事事件の対象者と刑事事件の対象者がほぼ重複しているが，刑事事件の対象者には，民事事件の対象者のほかに家庭暴力・性暴力，裁判所が所属弁護士または公益法務官を国選弁護人として選定した事件の被疑者または被告，その他生活が困窮で法的知識が乏しい国民または国内に居住する外国人が含まれる（第5条の2第2項）。

他方，法律救助対象者が負担する訴訟費用および弁護士報酬などの法律救助費用は，国からの支援金として賄うか，あるいは関係機関の出資金などを財源にして訴訟費用や弁護士費用を負担する，いわゆる「無料法律救助制度」となっている（第5条の3ないし4）。

その結果，中小企業の労働者のような経済的弱者が公団の無料法律救助支援サービスを利用しており，2005年7月1日から2007年12月末までの実績をみると，218,237人の労働者が無料法律救助支援サービスを利用している。その内容を具体的に見ると，小額審判事件支援および民事本案支援が104,449人（4,853億ウォン）であり，保全処分支援および強制執行支援が113,788人（6,971

---

[10] これは，2006年4月よりスタートした日本司法支援センター（いわゆる「法テラス」）に該当する組織であるが，日本の法テラスに比べ歴史が古く，その組織も大きい。

表8　法律救助公団における紛争処理状況

（単位：件，百万ウォン）

区分	合計		本案事件		付随事件	
	利用者 (事件数)	金額	利用者 (事件数)	金額	利用者 (事件数)	金額
計	218,239 (86,948)	1,182,449	104,449 (49,731)	485,285	113,788 (37,217)	697,164
2007年	109,901 (42,951)	587,762	50,143 (23,131)	229,606	59,758 (19,820)	358,156
2006年	90,968 (36,974)	503,534	44,534 (22,028)	210,970	46,434 (14,946)	292,564
2005年	17,368 (7,023)	91,153	9,772 (4,572)	44,709	7,596 (2,451)	46,444

出所：労働部『労働白書』(2008)

億ウォン）となっている。特に，2005年3月31日には「賃金債権保障法」を改定して賃金債権補償基金を労働者の未払賃金の無料法律救助支援に必要な財源として出資できるような法的根拠が整備されてからはこの無料法律救助支援サービス（強制執行手続）を利用する労働者が増えている。

4　その他

労働紛争を処理している行政機関としては，労働委員会の他に「勤労監督官」がある。これは，基本的に勤労基準法をはじめ，労働関係法令に違反する行為を監督する監督機関ではあるが，実際には労働紛争を処理する機能も果たしている。勤労監督官は，勤労基準法などに違反した使用者に対して，25日以内にこれを是正するよう行政命令を発し，場合によっては，法律が定める一定の範囲内で司法警察官の職務権限を行使することも可能である（勤基法102条5項）。

労働監督機関に関する職制は，まず，労働部長官所属の下に地方労働庁（6ヶ所）が設けられており，その地方労働庁（長）所属の下に，さらに地方労働事務所（35ヶ所）が設けられている。各地方労働事務所において，勤労監督業務に従事している監督官の数は，2010年現在，1,606人となっている。

しかし，勤労監督官は，あくまで労働者の申立てに基づき勤労基準法などに

表9　行政機関と司法機関の種類とその機能

機関の種類		機能
行政機関	労働委員会	判定業務（不当労働行為・不当解雇） 調整業務（労働争議の調停・仲裁） 差別是正業務（非正規職に対する差別是正）＊ 必須維持業務（職権仲裁制度の廃止）＊＊ 交渉窓口単一化業務 （共同交渉代表団の構成と差別是正）＊＊＊
	勤労監督官	勤労基準法などの違反行為の摘発・是正
	雇用平等委員会	男女雇用平等法の実現や同法上の紛争の調整
司法機関	一般裁判所	民事裁判手続，仮処分，民事調停
	行政裁判所	行政処分の取消訴訟（第一審）
	憲法裁判所	法令に対する違憲審査

＊差別是正業務は，2007年7月1日より非正規職保護法律の施行とともに開始した。
＊＊必須維持業務は，2008年1月1日よりスタートした。
＊＊＊交渉窓口単一化業務は，2011年7月1日からスタートする予定である。

違反した行為を摘発・是正する監督機関である。[11]したがって，勤労監督官は，特に労使当事者（特に使用者）がイニシアチブをもって円満な解決を図る紛争処理機関とはいい難い。そればかりではなく，法律に明らかに反する行為はともかく，精緻な判断を要する事案を果たして監督官が判断できるかは大いに疑問である。[12] もちろん，専門的知識をもつ有能な監督官なら，このような労働紛争に対応できるかも知れない。しかし，現実の監督官とは短期間の交替制や専門教育の不足などによって必ずしもそういった能力をもっているとは限らない。それだけではなく，数的にも限られているため，監督官が，個別的労働関係事項から集団的労使関係事項に至る夥しい事件に対応できるというのは，現実的に期待し難い。

その他にも，男女雇用平等法の実現や同法上の紛争を調整するための「雇用平等委員会」が各地方の労働庁に設置されており（男女雇用平等法第27条〜29条），

---

11) 勤労基準法に違反する行為のほかに，非正規職労働者に対する差別行為の摘発や雇用における性差別の摘発・是正をも行っている。ちなみに，雇用における性差別摘発・是正件数は，2007年だけで2,864件に至る（『労働白書』2008年）。
12) このような問題もあって，不当解雇事件は，2007年7月1日より勤労監督官は取り扱わず，労働委員会のみが担当するようになった。

また男女差別事項に対する調査・是正勧告その他男女間の差別を改善するための「男女差別改善委員会」が女性部長官の下に設けられている（男女差別禁止および救済に関する法律第9条～20条）。しかし，これらの行政機関は，勤労監督官と同様に，基本的には労働関係法令に違反する行為を摘発・是正するのが主たる目的であるため，労働紛争処理機関としては制限的な役割しか果たしていない。

Ⅲ　労働紛争解決システムの問題点と見直し

　現在の労働紛争解決システムができてからもう半世紀が経っている。その間，労働委員会や裁判所そして勤労監督官は，労働紛争の解決において「三役」ともいわれるほど，それぞれの役割を十分に果たしてきたといえる。

　しかし，近来は，企業の国際化や雇用の多様化，組合組織率の低下が進む中，労働紛争の様子も変化している。例えば，従来ならば，解雇または賃金関係の紛争や不当労働行為絡みの紛争が多かったのに対して，最近は，非正規職労働者の雇用問題やセクハラ，労働条件の変更問題に至るまで紛争が多様化している。

　このような変化は，現在の労働紛争解決システムができた当時には予測もできなかったので，次第に紛争処理において乖離が生じている。こうした背景に労働委員会を再編するほか，労働裁判所を導入しようとする論調が高まっている。

1　労働委員会制度

　労働紛争解決システムの中心に据えられた労働委員会は，労働争議の調整や不当労働行為の救済を始め，解雇紛争等のような個別紛争に至るまで様々な労働紛争を解決し，労使平和に大きく寄与したことは否定できない。

　とはいえ，現在の労働委員会制度には改善すべき問題点も多い。ここで敢えて指摘するならば，専門性の不足，労使当事者の不信，事件処理の遅延，判定取消率の増加，実質的五審制などが挙げられる[13]。これらのうち，労働紛争を専

門的に解決するための労働問題専門家が少ないことは，最近の労働委員会の管轄範囲の拡大により一層高まっており，中でも公益委員や審査官の確保が至急の課題である。

特に，2007年のいわゆる「非正規職保護法律」に基づいてスタートした差別是正業務は，これまで労働委員会が扱ってきた労働紛争とは性質が異なることからノウハウも蓄積されておらず専門家も不足している。この問題については，現在の「雇用平等委員会」が雇用における差別を含め，雇用現場における諸差別絡みの紛争を担当するように，その組織を改変することも検討すべきであろう。

もう一つは，2011年から事業場レベルでの複数組合の組織が認められ，交渉窓口単一化業務が労働委員会の業務となることに備えて，NLRBのようなチェック機能を果たすように専門性を高めることも課題である。

その他にも，全般的な問題として，韓国では，すべての労働委員会が中央政府（労働部）の管理下に置かれており，また現行法の中には国や政府機関が介入する余地を残している規定すらある[14]。

2 裁判制度

労働紛争の発生ルートは異なってもその終着駅は裁判所である。例えば，労災補償をめぐる紛争は，勤労福祉公団→労災保険審査委員会→（不服）→行政裁判所→高等裁判所（特別部）→最高裁判所の順となり，不当労働行為事件や不当解雇事件は，地労委→中労委→（不服）→行政裁判所→高等裁判所（特別部）→最高裁判所の順となる。その他の紛争（賃金，雇用，損害賠償など）は，地方裁判所→高等裁判所（民事部）→最高裁判所の順となる。

このように，労災事件や不当労働行為，不当解雇事件の場合は，実際に「五審制」となっており，不当解雇事件の場合は，労働委員会を通じて裁判に救済

---

13) 韓国労働委員会の現状と課題に関する詳細は，李鋌『解雇紛争解決の法理』（信山社，2001年）294頁参照。
14) 例えば，労働委員会法第8条によれば，労働関係業務に15年または10年以上の経験のある者は一定の要件の下で，中労委や地労委の公益審判委員または公益調整委員になるようになっており，実際に労働委員会の常勤委員の中にはこのようなケースも多い。

を求める手続と直接地方裁判所の民事裁判手続に訴えることもできる。その結果，多くの労働事件（特に，不当解雇事件）の場合は，こうした5段階に辿り着くまでは権利義務関係が確定されないから，その間雇用関係が不安定な状態となる問題が生じている。そればかりでなく，労働事件が裁判所と労働委員会において並列に進められる結果，両機関の判断が異なる場合は，どちらの判断を優先すべきかなどのもっとややこしい問題が生じうる。その他にも，民事裁判手続は基本的に一般の民事事件の解決を前提としているために，労働関係の特殊性を反映している複雑な事件には十分対応できないという問題点も指摘されている。

そこで，司法改革委員会は，2004年12月，長期的に労働事件の特殊性を考慮して労働事件を効率的かつ専門的に解決するための専門裁判所または専門裁判部の設置を提案した。[15]

この提案を受けて，同委員会の中に「労働紛争解決制度委員会」が組織され，そこでは労働裁判所の導入や労働委員会の改変など労働紛争解決システム全体に対する見直しが検討されてきたが，政権交代により見送られた。その背景には，労働裁判所を導入する際にその審級をどうするか（第一審の地裁レベルで設置するか，あるいは第二審の高裁レベルで設置するか），また事物管轄の範囲はどうするか，労働委員会との関係はどのように定立するかなどの様々な課題が残されており，[16]より根本的な問題は，労使団体や政府，労働部，労働委員会，裁判所の利害関係が絡んでいるので，なかなかコンセンサスを得られないところにある。[17]

このような中で，ソウルの中央地方裁判所では，「労働事件専門調停委員会」制度を導入し，2005年1月より労働事件に対する調停的解決を図る試みがスタートした。同委員会は，労働問題に詳しい33人の学者や弁護士などからなり，

---

15) 司法改革委員会『司法改革のための建議文』（2004年12月31日）11頁。
16) 労働裁判所の導入に伴う問題点に関する分析については，李鋌ほか『労働裁判所の導入における法的争点と課題』（韓国労働研究院，2005年）参照。
17) 労働裁判所の導入に対する各界の立場をみると，労働委員会は自らの組織を代替する形での労働裁判所の導入に反対しており，経営者団体も労働裁判所の導入には基本的に反対している。これに対して，労働組合団体は労働裁判所の導入を歓迎している。

図1　労働紛争解決の流れ

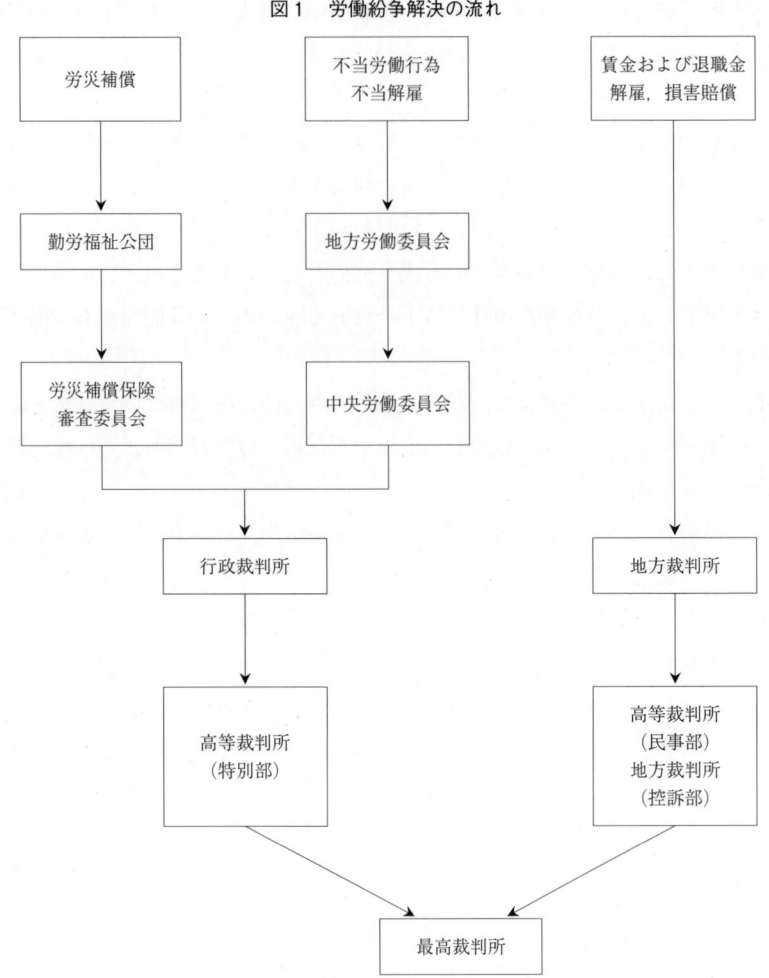

2005年にはソウル中央地裁において試験的に稼動し，2006年からは全国的に拡大するようになった。さらに，中央地方裁判所は，調停手続に回付される事件が増加するに伴い，2010年5月より，民事裁判に先立って調停的解決を図る「早期調停制度（調停前置制度）」を導入するようになり，より迅速で低廉な事件処理が期待される。[18][19]

3 勤労監督官制度

現行労働法は，賃金不払や不当労働行為について刑事処罰規定を定めている。したがって，労働者は，これらの行為をした使用者を勤労監督官に陳情，告訴，告発をして，その是正を求めることができる。地方の勤労監督官における紛争処理状況をみると，2004年の場合，全国の監督官に受理された件数は214,564件であり，そのうち，行政処理が107,755件として最も多く，司法処理が92,178件，対象外が7,462件となっている。違反の内容は，賃金関係の金品清算関連事件が96.7％として圧倒的に多く，不当解雇事件や不当労働行為事件は1,923件と1,165件に過ぎない。

このように，勤労監督官が処理する事件をみると，賃金絡みの金品清算事件に集中しており，最近になっては，景気後退や雇用調整の影響もあって受理件数が増えている。その結果，勤労監督官1人が年間担当する事件の数も290件に達し，監督官の業務量の過負荷や平均処理日数の遅延（平均処理日数は51日）が問題となっている。そこで，勤労監督官が本来の機能を果すようにするためには，労働問題に関する専門知識や経験を有する監督官を如何に確保するかが最大の課題となっている。

Ⅳ おわりに——韓国法からみた日本の労働紛争解決システム

韓国の労働紛争解決システムは，最終的な判定機関として裁判所（法院）を中心に，労働紛争を専門的に取り扱う労働委員会，主に労働関係法に違反する行為を是正・監督する監督官制度を中核に置いている点で，日本の法制度に極めて似ているといえる。しかし，その中身をみると，幾つかの点で相違点が見られる。

第一に，韓国の労働委員会は，日本と同様に，不当労働行為の救済や労働争議の調整といった集団紛争の解決機関としてスタートしたが，その後管轄範囲

---

18) 2010年3月だけで220件余りが調停手続に回付されるなど，調停的解決件数が増えている。
19) 2008年に提起された民事訴訟のうち，約66.2％が調停手続を通じて処理されており，これは日本（33.2％）に比べ約2倍の水準である。

が広がり，現在は不当解雇等の一定の個別紛争とともに，非正規職労働者に対する差別是正とともに，必須維持業務の対象範囲に対する決定業務まで取り扱うようになった。この点で，まだ集団紛争の領域に留まっている日本とは異なる。その結果，韓国ではヨーロッパ諸国で見られる労働裁判所（労働審判所）は存在しないものの，実際には労働委員会がそのような役割をしていると評価することができる。

　第二に，韓国では，法務部傘下に「法律救助公団」を設置し，無料法律救助支援サービスを提供するとともに，「国選弁護士制度」のほかに，「指名（国選）公認労務士制度」を導入して，経済的に弱者である国民（労働者）の権利救済を支援している。この中で，法律救助公団で行う無料法律救助支援サービスは，零細中小企業で働く労働者の未払賃金問題の解決に極めて重要な役割を果たしており，指名公認労務士制度も経済的に困難な労働者が労働委員会制度を通じて権利救済を実現するのに役に立っている。

　以上の観点から日本の法制度をみた場合，個別紛争に対する相談・調整機能は比較的に整備されているが，個別紛争に対する判定機能は依然として一般民事手続に委ねられ，その結果，訴訟コストや時間がかかるといった問題は残されている。このような問題を解決するためには，労働委員会を改変して，解雇などのような一定の個別紛争も取り扱うようにするとか，あるいは法テラスの組織を改変して，より積極的に労働者の権利救済に取り掛かるようなスタンスが必要ではないかと思われる。

　そのほかにも，日本の社会保険労務士にも労働委員会における代理業務を行うようにするとか，国選社労士制度を導入して非正規職のような経済的に弱者である労働者の権利救済を支援する施策が必要ではないかと思われる。

　＊　本稿は，財団法人民事紛争処理研究基金の研究助成による成果の一部である。
This work was supported by the Hankuk University of Foreign Studies Research Fund of 2010.

（イ　ジョン）

台湾における労働紛争処理システムの現状と課題

王　　能　君
(台湾大学)

I　はじめに

　台湾では，1990年代から，いわゆる労働三法（労働組合法，労働協約法，労資争議処理法）改正案が数回提出された。それは，戦前の組合法制の構造転換の必要性に鑑み，組合組織の自由化，団結の保護・擁護，団交義務化による労使自治の推進，労働紛争処理システムの強化などが重点である。労働協約法が2008年1月9日に，労資争議処理法が2009年7月1日に改正されたが，労働組合法改正案が2010年6月1日に国会によって可決されて同月23日に公布されたので，労働三法は，2011年5月1日に一斉に施行される見込みである。

　本稿は，台湾における労働紛争処理システムの概要と運用状況を紹介するうえで，労働紛争処理システムの特徴と課題を分析する[1]。労働紛争処理システムを考察する際に，行政処理として労資争議処理法における制度を，また司法処理として労働裁判をそれぞれ考察しなければならない。2009年改正労資争議処理法は，従来の調停手続および仲裁手続を改革し，また調停人および個別仲裁人制度，不当労働行為救済制度の裁決手続，調停委員・調停人・仲裁委員・個別仲裁人・裁決委員の資格などの規定を新設した。これらの詳細は，施行規則または命令で決められるが，未だに行政院労工委員会（2012年から名称を労働部とし，以下は労働省と称する）によって作られているところである。以下は，今までの労資争議処理法を現行システムとして紹介し，2009年改正法を法改正の動向として紹介することにする。

1）　台湾の労働紛争処理システムに関する日本語文献として，野田進「台湾における労使紛争解決制度と民間委託あっせん」季労227号（2009年）188頁以下。

日本労働法学会創立60周年記念シンポジウム（報告②）

Ⅱ 現行労働紛争処理システムの概要と運用状況

1 現行労働紛争処理システムの概要
(1) 行政処理

表1　権利紛争と利益紛争の処理手続

紛争発生→権利紛争→調停→（不成立）裁判所
紛争発生→権利紛争→裁判所
紛争発生→利益紛争→調停→（不成立）仲裁
紛争発生→利益紛争→調停→（不成立）争議行為
紛争発生→権利紛争や利益紛争→協調（あっせん）

表2　調停の手続（24～32日間）

紛争発生→調停申請や職権による調停→主務官庁→（あっせんの可能性の打診）（7日間以内）調停委員会組織（労1名・使1名・政1や3名）・会議→調査→（10日間以内に）調査結果と調停案提出→（7～15日間）調停委員会議開催・調停案決議

表3　仲裁の手続（27～35日間）

利益紛争→調停不成立や調停せず→労使双方申請による仲裁や職権による仲裁→主務官庁→（5日間以内）仲裁委員会組織（委員9-13名；労3-4名・使3-4名・政3-5名）・会議→調査→（10日間以内に）調査結果提出→（7～15日間）仲裁委員会議開催→（5日間以内）仲裁書作成→仲裁終了

　労資争議処理法（表1）により，労働紛争が発生する場合，労使双方が調停と仲裁を申請しうる。労働紛争は，権利紛争事項と利益紛争事項に分けられる。権利紛争が仲裁によって処理されえないのに対して，利益紛争は，調停のみならず，仲裁によっても処理することができる（同法5条1項）。

　まず，調停（表2）は，労使双方の申請または主務官庁の職権によって発動される。申請の場合には，主務官庁は申請案を受けてから，あっせんの可能性を当事者に打診する。調停は成立するときに，紛争当事者間の労働契約または労働協約とする。これに対して，調停が成立しないときには，権利事項ならば裁判所に起訴するか，利益紛争ならば，仲裁や争議行為になる。

　また，仲裁（表3）については，(1)紛争当事者双方の申請による仲裁，(2)職

権によって仲裁をさせる仲裁，(3)当事者双方の同意により，調停を経ない仲裁，などがある。仲裁は，紛争当事者間の契約または労働協約とする。

　以上は，フォーマルな行政処理システムとしての調停と仲裁の概要である。しかし，実務上よく利用されているのが，あっせん（いわゆる「協調」）である。あっせんは，およそ1987年頃から始まったインフォーマルな手続であり，最もよく利用されるようになっている[2]。また，紛争処理の多元化，あっせん手続の柔軟性，主務官庁の人手不足などにより，2000年から，地方自治体の主務官庁が民間団体に依頼して紛争をあっせんさせるようになる。

(2) 司法処理

　労働紛争当事者は，行政処理による紛争解決のほかに，司法処理による紛争解決，すなわち裁判所に訴訟を提起することができる。裁判所は，利益紛争を処理しえず，権利紛争のみを処理しうる。

　高裁と地裁は，権利紛争の労働紛争を処理するために，必要があれば，労働部を設けうる。また，労働部の裁判官は，労働法令に精通する必要があるとされる。司法院は，労働部のような専門部の機能を強化するために，注意事項を公布した。これによれば，裁判官は，労働専門裁判官証明書を取得すれば，優先的に労働事件を担当しうる。

　また，司法院は，裁判結果の適切性を増加させ，訴訟当事者の利益を保護し，国民の司法への信頼を高めるために，専門家諮問要点を定めた。労働契約訴訟は，一審または控訴審裁判所が必要と認めるときに，職権によって専門家への諮問を行いうる。

2　争議の件数と類型

(1) 争議件数・行政解決件数の推移

　まず，以下の表4から分かるように，紛争の件数が年々増加し，2009年末に30,385件となった。また，労働紛争の件数が年々増加し，主務官庁は処理しき

---

2) しかしながら，労働省の規則によれば，あっせんの範囲は，重大な紛争に限られ，あらゆる労働紛争があっせんによって処理することができるわけではない。規則が守られていないといわざるをえない。

表4 紛争件数，紛争人数および処理方法[3]

年度	紛争件数			紛争人数		
	調停・あっせんの件数合計	行政官庁による処理	民間団体による処理	調停・あっせんの人数合計	行政官庁による処理	民間団体による処理
2000	8,026	6,579	1,447	56,543	53,790	2,753
2001	10,955	7,405	3,550	58,643	51,961	6,682
2002	14,017	9,392	4,625	105,714	97,436	8,278
2003	12,204	6,892	5,312	28,821	20,815	8,006
2004	10,838	5,827	5,011	32,478	25,932	6,546
2005	14,256	8,173	6,083	85,544	77,642	7,902
2006	15,464	10,105	5,359	81,639	74,811	6,828
2007	19,729	10,188	9,541	121,563	109,242	12,321
2008	24,540	11,074	13,466	65,274	48,182	17,092
2009	30,385	15,104	15,281	68,649	48,954	19,695

れないために，民間に紛争処理（あっせん）を依頼するようになっている。2000年以降，民間団体の件数も増加し，2008年および2009年に民間団体の処理件数は，主務官庁の処理件数を超えている。

(2) 争議類型と件数

2008年から統計方法が変わっているために，表5・表6・表7の三つの表に分け，紛争類型と件数の特徴を見てみると，次の四つの特徴が指摘されよう。第一に，労働紛争件数が年々増加している。特に最近の3年間の経済不況によって，件数が急増している。第二に，個別紛争が圧倒的に多い。集団的紛争が少ない。第三に，2007年まで，賃金紛争が多く，また労働契約に関する紛争も多い。2008年と2009年には，賃金紛争と解雇手当紛争が多い。第四に，権利紛争が多く，利益紛争が極めて少ない。2008年と2009年には，権利紛争の件数は総件数の98％を超え，利益紛争の件数がわずかに総件数の1.26％，1.90％にすぎなかった。

---

3) 特に説明しない限り，いずれも労働省（http://www.cla.gov.tw）のデータベースから検索されたものである。最終検索日：2010年5月14日。

表5 紛争類型および件数 (2000年と2006-2007年)

年度	紛争件数合計	契約紛争	賃金紛争	労働時間紛争	退職紛争	福利厚生紛争	労働保険紛争	人事管理紛争	労働災害紛争	安全衛生紛争	労働組合紛争	就業差別紛争	大量解雇紛争	その他の紛争
2000	8,026	3,921	3,127	63	512	100	196	134	850	—	4	—	—	269
2006	15,464	6,669	7,584	235	610	221	535	228	1,221	—	8	64	3	1,736
2007	19,729	8,668	10,034	380	766	348	817	216	1,393	3	11	80	2	3,422

表6 権利紛争の類型と件数 (2008-2009年)

年度	権利紛争と利益紛争の件数の合計	権利紛争件数の合計	契約紛争(契約性質、解雇)	賃金紛争(賃金未払、残業賃手当て)	解雇手当紛争	退職金紛争	労働者保険給付紛争	労災補償紛争	組合員身分保護紛争	その他の権利紛争
2008	24,540	24,230	1,737	9,186	8,343	762	327	1,381	8	2,486
2009	30,385	29,807	2,230	9,756	10,372	852	497	1,412	8	4,680

表7 利益紛争の類型と件数 (2008-2009年)

年度	利益紛争件数の合計	賃金の変更	勤続年数の計算	労働時間	その他の利益紛争
2008	310	69	13	109	119
2009	578	135	103	271	69

(3) 行政処理の結果

表8を見ると,次のことを指摘しうる。第一に,仲裁はほとんど機能していない。その原因は,労使双方が利用しないこともあるが,権利紛争が仲裁できないという規定に関係する。第二に,調停の件数が年々増加し,2009年に,主務官庁による調停件数は,5,201件に達している。第三に,2009年には,主務官庁と民間団体が行ったあっせん件数は,合計25,441件に達しており,調停の5,201件を大幅に超えている。第四に,民間団体へのあっせん依頼件数も2000年から増加しており,2007年から,主務官庁によるあっせん件数を超え始め,その後大幅に超えている。これは,労働紛争件数の急増のために,地方主務官庁が紛争を処理しきれないから,民間団体へのあっせん依頼は増えているからである。

表8　労働紛争の協調（あっせん），調停，仲裁の件数

年度	協調（あっせん）		調停		仲裁	
	行政官庁による処理	民間団体による処理	行政官庁による処理	民間団体による処理	行政官庁による処理	民間団体による処理
2000	5,192	1,411	1,445	—	—	—
2001	5,229	3,578	2,170	—	—	—
2002	7,205	4,590	2,050	—	1	1
2003	5,224	5,335	1,933	—	—	—
2004	4,191	5,008	1,724	—	1	—
2005	5,759	5,997	2,130	5	—	—
2006	7,521	5,275	2,376	12	—	—
2007	7,221	9,146	2,813	33	—	—
2008	6,405	13,141	4,320	—	—	—
2009	9,852	15,589	5,201	—	—	—

表9　地裁の一審としての労働紛争事件数

年度	地裁における一審事件	賃金請求	労働契約終了	退職金や解雇手当の請求	賞与や賞金の請求	労災補償や損害賠償の請求	その他
2000	930	322	3	257	7	37	282
2001	1,165	456	3	413	7	32	254
2002	1,812	696	5	703	26	37	345
2003	2,079	675	3	818	27	50	506
2004	1,808	663	6	623	25	70	421
2005	1,793	559	2	615	22	96	499
2006	2,055	696	6	721	20	100	512
2007	2,026	712	3	639	25	87	560
2008	2,173	864	2	670	23	93	521
2009	2,993	—	—	—	—	—	—

(4) 司法

表9で分かるように[4]，地裁に起訴された労働紛争件数（第一審の労働紛争件数）が増加しているが，近年大抵2,000件ぐらいである。2008年に2,173件があるが，2009年の金融危機により，その件数は，2,993件となった。

労働訴訟は，以下の特徴を有する。第一に，労働訴訟の事件数が年々増加しており，「未払い賃金請求事件」と「退職金や解雇手当請求事件」の比率が高く，合計約70％である。第二に，労働訴訟における訴訟代理率は，むしろ普通の財産権訴訟の訴訟代理率よりも高い。半分以上の労働者は弁護士代理があるが，使用者の弁護士代理率は50％に達していない。これは，訴訟扶助制度の充実に関係すると思われる。第三に，労働訴訟では，和解率が低い。簡単に和解できれば，行政処理のあっせんや調停の段階で和解されるであろう。第四に，労働訴訟では原告としての労働者はその勝訴率が低い，との現象が見当たらない。第五に，一審判決の期間は，1996年の147日間から，2000年の243日間まで増加し，それ以降の期間の長さはほぼ変わらない。普通の財産権訴訟の期間に比べ，労働訴訟の期間はちょっと短いという現象が見られる。[5]

Ⅲ 台湾労働紛争処理システムの特徴

1 紛争解決機関

(1) 労働裁判

裁判所は労働紛争の最終解決機関として，ある程度機能しており，また近年裁判の質も向上しているといえよう。しかし，問題がないわけではない。[6]

第一に，地裁と高裁の労働部は機能しているかどうかが疑わしい。労働部の設置は，労働裁判の質の向上に貢献していないようである。また，一部の裁判所の労働部では，労働法に精通する裁判官ではなく，民事部の裁判官が順番に労働事件を担当する。第二に，労働専門裁判官証明書を取得した裁判官が少なく，多くの労働部ではそのような証明書を持つ裁判官がいない。第三に，専門

---

[4] 2008年までの数字が台湾労働省のデータベースを検索したものであるが，2009年の数字が台湾司法院のホームページ（http://www.judicial.gov.tw/juds/index1.htm）を検索したもの（2010年3月司法統計月報）である。最終検索日：2010年5月15日。

[5] 黃國昌「我國労動訴訟之実証研究——以第一審訴訟之審理與終結情形為中心（下）」政大法学評論107期（2009年）211-212頁。

[6] 黃宏欽「現行與労動訴訟有関程序之進行曁其缺失及改進芻議」中国文化大学96年度「労工訴訟之現状與未来展望」シンポジウム論文（2007年12月25日）5頁，黃國昌・前掲注5）論文216頁。

家諮問という制度があるが，実態として機能しているかどうかが不明である。第四に，民事訴訟法によれば，雇用契約に関する訴訟の場合には，裁判所によって調停されなければならない。この調停は活用されれば，迅速な紛争解決が可能となるが，実態としては機能していない。

(2) 行政処理

行政官庁は，労働紛争処理の主な役割を果たしている[7]。費用徴収に関する法規定が設けられていないので，調停およびあっせんなどの費用は徴収されない。そこで，労働者は，調停・あっせんをよく利用することとなる。調停は，一定の手続に沿って行われるが，裁判所の訴訟手続に比べ，時間的には，早いのである。あっせんは，手続が法によって定めておらず，当事者が直接に話し合うことができ，あっせん員が裁量権限を十分に発揮し，適切な方式で労働紛争をあっせんして紛争を解決することができる。時間的には調停よりも早いといえよう[8]。また，調停委員またはあっせん員は，重要な役割を果たしている。

しかし，調停委員の専門能力・公正さおよび民間団体へのあっせん依頼については，問題がある。すなわち，現行法によれば，当事者および行政官庁が指名する調停委員の資格などの条件・制限が設けられていない。そこで，公正的に客観的な，かつ専門性のある方法で，紛争を解決することが難しい。また，調停委員の専門性・客観性，また主務官庁の立場によって影響されるかどうかが疑わしいから，主務官庁の調停結果への過大介入になりやすい[9]。そして，民間団体によるあっせんは，確かに紛争処理の機能を発揮しており，行政機関の負担を軽減しているが[10]，法的根拠を有していない。なお，民間団体によるあっせんのケースでは，行政機関によるあっせんのケースよりも，労働者の請求金額は「割引」をさせられる程度が大きい[11]。この点からは，民間団体のあっせん

---

7) 林佳和「台湾労動争議的行政調解」月旦法学雑誌173期（2009年）84頁。
8) 鄭津津「我國労資争議調解制度之研究」月旦法学雑誌159期（2008年）35頁。
9) 鄭津津・前掲注8）論文30頁。
10) 黄國昌＝林常青＝陳恭平「労資争議協調程序之実証研究――以『政府協調』與『民間協調』之比較為中心」国立政治大学法学院ほか主催「第1回法律継受下的訴訟外紛争解決」シンポジウム論文（2009年6月19日）27頁。
11) 黄國昌＝林常青＝陳恭平・前掲注10）論文27頁。

員の専門性と公正性は，若干の問題があると推測される。

(3) 企業内紛争処理

企業内紛争処理の実態が不明であり，一般的には，そのようなシステムを設ける企業が少なく，おそらく機能していないと思われる。結局，企業内における紛争は，外部の力によって解決されなければならない。しかし，このような場合には，紛争がいっそう複雑となり，迅速な解決が困難となってしまうかもしれない。そこで，企業内紛争処理システムの整備が主張されている[12]。

2 紛争解決手段

まず，あっせんは，主要な役割を果たしている。基本的には，法によって公的判断による判定が行われる。当事者が支払能力を十分に有していないときに，和解の金額を調整することがありうる。あっせん成功率がおよそ80％である。期間としては，1～10日間で紛争を解決している。あっせんの結果としては，3分の1の事件では請求金額よりも少ないが，15％の事件では請求金額よりも多い。満足度としては，労使とも「中以上」である[13]。成功率からは，あっせん員の素質を評価できる。紛争解決の早さも，行政機関より早い。公正性もありそうである[14]。しかし，和解金額の水準からみれば，問題視する見解もある。

また，調停も公的判断による判定が行われる。しかし，いずれも，労働者に（法の規定よりも）不利な解決案が提示される，という批判がある。

そして，仲裁が機能しない。職権仲裁がほとんど発動していない。

なお，裁判所による裁判は，紛争解決のために決定的であるが，請求金額の少なさ，裁判費用，弁護士費用など諸般の原因で，訴訟の提起をあきらめる労働者が少なくない。近年，いくつかの法律扶助制度ができ，訴訟を提起する労働者が若干増えている。

---

12) 鄭津津「我國勞資争議處理制度之現況與檢討」国立中正大学法学集刊6期（2002年）80頁。
13) 呉全成『我國勞資争議案件委託民間団体協調之實證研究』（行政院労工委員会，2008年）108-109頁。
14) 呉全成・前掲注13)111頁。

3 労使関係との関係

2010年3月現在の総人口が2302万3000人，労働力人口が1100万8000人，就労者数は1038万4000人である。2008年現在では，企業の97.64%は中小企業であり[15]，就労者の76.58%は中小企業に就労している[16]。中小企業が多いから，企業別組合の組織率がかなり低い。その組織率は，組合の数で計算すれば僅か3.3%であり，組合員数で計算すれば15.4%となっている[17]。職業別組合はその組織率52.5%で一見してやや高いかもしれないが，組合の機能を発揮していない。企業組合の組織率および職業組合の実際的な機能などに照らし，組合による紛争解決・予防機能が極めて弱いといえよう。

2008年労働協約法の改正によって，義務団交制度が導入される予定である。これは，台湾の労使関係に大きな変化がもたらされるかもしれない。しかし，組合の弱さに鑑み，団体交渉が普及していくかが，未定である。

4 実体法との関係

解雇事件における原職復帰が可能とされるが，台湾では中小企業が多く，原職復帰が非現実的である。労働者の多くは，やはり労基法第14条に基づいて雇用関係を終了させ，労基法17条に規定される金銭を請求し，金銭解決を求める。また，紛争手段としては，やはり調停ないしあっせんを通じるのである。裁判所を利用するかどうかは，結局，請求金額と関係しているが，金額が高ければ，裁判で紛争解決を求めるのである。

また，「性別工作平等法」（男女雇用均等法に相当）の成立で，「就業差別紛争」が増加してきた。就業差別紛争は，特別の委員会によって処理される。そして，

---

15) http://www.moeasmea.gov.tw/public/Attachment/961610284671.pdf「台湾における中小企業就労人数統計」。ここにいう中小企業とは，鉱業，製造業，建設業は，その資本金が8000万台湾ドル未満の企業を，その他の企業は，前の年の営業総額が1億台湾ドル未満の企業をいう。最終検索日：2010年5月14日。

16) http://www.moeasmea.gov.tw/public/Attachment/952618213871.pdf「台湾における中小企業就労人数統計」。ここにいう中小企業とは，鉱業，製造業，建設業は，その経常的な雇用者数が200人未満の企業を，その他の企業は，その経常的雇用者数が50人未満の企業をいう。最終検索日：2010年5月14日。

17) 組織率は，労働省の2010年3月労働統計月報の「表3-1 各級工会数及会員数」による。

セクハラ事件に関する企業内紛争処理も義務化されるとする。[18)]

以上のように，実体法の規定により，労働者の紛争処理手続の選択傾向や特別事項の処理システムが異なるようになっている。

そのほかに，法律扶助法における法律扶助基金会，大量解雇労働者保護法における大量解雇の際の訴訟扶助と生活費用補助，性別工作平等法における性差別訴訟の扶助など，実体法に規定される訴訟扶助は，資力の足りない労働者のために，訴訟提起の援助体制を作り上げている。

Ⅳ 台湾労働紛争処理システムの課題

1 法改正等の動向や議論の状況

(1) 労働裁判

労働訴訟のために使われる時間と金銭は，労働者にとって大きな負担となる。請求金額が少ないなどの理由で，労働者は一般的に，調停またはあっせんなどの行政処理を選択しがちである。しかし，近年の訴訟件数の増加は，紛争の多発と労働訴訟扶助の援助体制の作りに関係するが，若い労働者の権利意識が強くなることにも関係するかもしれないといわれる。

日本の労働審判制度が発足した頃，台湾でも，労働訴訟制度の改革必要性が強く主張されるようになった。これは，行政処理の限界と労働訴訟の問題を意識し，労働省と学者によるものであった。労働省は，国際シンポジウムを開催し，ドイツの労働裁判制度と日本の労働審判制度について議論し，台湾の労働訴訟改革の方向性を見出し，司法院に法改革の参考を提供しようとした。しかし，司法院は，制度改革に対して，極めて消極的な態度をとっている。

そうなると，小さな改革が短期目標として適切であろう[19)]。たとえば，まず，労働部機能の強化[20)]また訴訟費用の免除ないし減少の改革が呼びかけられている。

---

18) 日本語文献として，山﨑文夫＝呉依屏「台湾の性別工作平等法」平成法政研究13巻2号（2009年）99頁以下，山﨑文夫「台湾の性騒擾（セクシュアル・ハラスメント）防止関連法律」平成法政研究14巻1号（2009年）357頁以下。
19) 黄國昌・前掲注5）論文214頁。

しかし、これについても、司法当局は消極的である。2009年改正法では、中央主務官庁は、権利紛争に関する訴訟や仲裁の扶助を与え、またその扶助業務を民間団体に委託しうる、とされる。これによって、労働者による労働訴訟提起の困難は、少しでも減少されうるであろう。また、改正法では、労働者の訴訟権を保障し、訴訟提起の障碍を排除するために、訴訟費用は暫定的に減少される、との規定が新設されている。要するに、訴訟扶助や労働者権益基金制度で、裁判所へのアクセスをしやすくしようとする。

なお、民事訴訟法における調停システムは、裁判官による調停である。活用されれば、調停成功率が高くなるのではないかと思われる。

(2) 調停とあっせん

あっせんは法制化されるべきであると主張されていたが、2009年改正法では、あっせんではなく、従来の調停委員会のほかに、新たに「調停人」制度を設ける。また、調停人による調停については、地方自治体の主務官庁は、民間団体に委託し、調停人による調停も可能となる。これは、明らかに従来のあっせんが法的根拠を欠けているとのことを改善しようとする法改正である。台湾労働省は、新設の調停人制度が将来主な労働紛争処理の役割を担当することをかなり期待している。調停手続の概要は、表10と表11のようになる。

表10 調停委員会による調停 (42～49日間)

紛争発生→調停申請や職権による調停→主務官庁→（3日間以内）調停委員指名→（14日間以内）調停委員会組織・会議→（10日間以内に）調査結果と解決案提出→（15～22日間）調停委員会議開催・調停案決議

表11 調停人による調停 (20日間)

紛争発生→調停申請や職権による調停→主務官庁→（3日間以内）調停人指名→（7日間以内に）事実調査と調停開始→（10日間）調停案作成

また、この度の法改正では、調停手続・調停人と調停委員の資格要件・委託を受ける民間団体の資格要件およびその他の事項について、別に規則を定める

---

[20] 民事訴訟法学者黄國昌教授は、現段階における労働訴訟の改革については、限られた資源を労働裁判所の設置に投入するのではなく、手続面の改革で労働者が訴訟にアクセスしやすいように改革すべきである、とする。黄國昌・前掲注5）論文215頁。

とされる。この規定は，調停人と調停委員の資格要件を設け，従来の欠点を改善しようとしている。規則の草案は，作成されているところである。

なお，改正法の特徴の一つとして，民間団体による調停人制度があげられよう。しかし，民間団体の質も問われる。そこで，調停委員，調停人，民間団体に関する審査制度の詳細も，検討されている。

(3) 仲　裁

まず，労働紛争の98％以上を占める権利紛争は，法改正によって，法に定められる仲裁手続によって処理されることができるようになる。また，紛争を迅速的で経済的に処理するために，従来の仲裁委員会のほかに，この度の法改正によって，「独任仲裁人」(すなわち一人の仲裁人)制度が新設された。同時に，仲裁人と仲裁委員の資格要件・選出手続・仲裁手続およびその他の事項について，別に規則を定めるとされる。台湾労働省は，新設の調停人制度の成功をかなり期待している。仲裁の手続は，表12と表13のようになる。

表12　仲裁委員会による仲裁（69〜79日間）

調停不成立や調停せず→労使双方申請による仲裁や職権による仲裁→主務官庁→（5日間以内）仲裁人選定や指名→（3日間以内）仲裁委員（合意仲裁：委員3や5名；労1名・使1名・労使委員による選定1や3名；職権による仲裁：委員5や7名；労2名・使2名・労使委員による選定1や3名）への通知→（7日間以内）主任仲裁委員の推薦や指名→（14日間以内）仲裁委員会組織・会議→（10日間以内に）調査結果提出→（20〜30日間以内に）仲裁判断→（5日間以内）仲裁書作成→仲裁終了

表13　仲裁人による仲裁（45〜55日間）

調停不成立や調停せず→労使双方申請による仲裁や職権による仲裁→主務官庁→（5日間以内）仲裁人選定や指名→（10日間以内に）調査・結果提出→（20〜30日間以内に）仲裁判断→（10日間以内）仲裁書作成→主務官庁を通じて当事者に送付

権利紛争に関する仲裁判断は，裁判所の確定判決と同じ効力を持ち，利益紛争に関する仲裁判断は，契約や労働協約とみなされる。

改正法は，仲裁委員・仲裁人などの資格要件を設けることを必要とし，また仲裁委員，仲裁人に関する審査制度を設け，その専門性の重視を示している。

なお，従来は，仲裁の費用を徴収していない。労働省は，法改正の際に，仲裁の費用を徴収するように改正しようとしたが，実現しなかった。よって，改

正法が施行されてからも，当事者から仲裁費用を徴収することができない。
  (4) 裁　決
　中央主務官庁は，不当労働行為事件を処理するために，不当労働行為裁決委員会を設けなければならない。裁決委員会は，委員7名ないし15名によって組織される。労働法，労使関係に精通する専門家が裁決委員に任命される。裁決委員会の組織，裁決委員の資格要件，任命方式，裁決委員会の裁決手続およびその他の事項について，別に規則を定めるとされる。裁決委員の専門性と公正性を確保するために，その資格要件を設けようとされている。裁決の手続は，概ね表14のようになる。

表14　裁決の手続

不当労働行為発生→（事実発生90日以内に）当事者申請→主務官庁→（7日間以内）裁決委員会会議開催→（20～40日間以内に）調査・調査報告提出→（7日間以内に）裁決委員会議→（30～60日間以内）裁決決定作成→（20日間以内に）裁決決定書を中央主務官庁を通じて当事者に送付

　改正案の作成段階で，裁決委員会の設置のあり方について，概ね二つの論点がある。一つは，裁決委員会と裁決手続の独創について，将来機能するかどうかが疑わしい，との意見がある。この意見によれば，日本の労働委員会制度をモデルとして，独立行政委員会としての裁決委員会を設置すべきである。しかし，行政組織改革法案による行政官庁の数の制限を，また財政難をも考慮に入れて，独立行政委員会の構想が実現されなかった。また，もう一つは，裁決委員会は，国や地方自治体で設けるかとのことである。事件の数を予想しにくいし，また地方によって人材確保が問題となりそうであるから，国のみで裁決委員会を設けるようになっている。
　裁決委員の報酬についてであるが，その公益色彩を考慮に入れても，不当労働行為処理の複雑さに鑑み，報酬が明文化している。労働省が法によって予算を編成することとなる。報酬基準に関する内部構想が起草されている。

2　労働紛争の解決に当たる人材養成の現状と課題

　調停委員，仲裁委員，あっせん員の専門性・公正性は，紛争処理の結果が当

事者によって受け入れられるかどうかに影響を与える重大問題である。そこで，改正法では，調停人，調停委員，仲裁人，仲裁委員，裁決委員の資格要件（学歴・職歴など）を如何に規定し，労働法の知識を強化しうるかが，極めて重要な課題といえよう。また，専門家の研修活動を強化しその専門性を高めるのも，重要な課題であろう。資格要件および研修活動などの規定は，これから労働省内で議論になりそうである。[21]

3　有効な労働紛争解決システム・解決方法とは？

台湾では，労働紛争が発生するときに，どのようなものが最も有効な労働紛争処理システムか。これはおそらく標準回答がないかもしれない。しかし，手続の面で，簡単・迅速・低コストなどは，重要なものといえよう。また，関連のシステムは，信頼性を有することが重要である。権利紛争を例として言えば，一般市民は，裁判所へのアクセスを遠慮しがちである。そこで，請求金額の低い事件，事案の内容が簡単な事件などの事件については，現行法制ではあっせんや調停による解決，改正法では調停人による調停や仲裁人による仲裁は，比較的に良い選択であろう。しかし，労使双方当事者の信頼を得られるかどうかが，制度改革の鍵である。労働紛争処理の専門家の専門性と公正性は，当事者の信頼を勝ち取る鍵であろう。

V　おわりに

台湾における労働紛争処理システムに関する最大の特徴は，労働者が行政処理を選択すること，また行政による主導が強いことにあるといえよう。現在は，改正法施行を準備している時期であり，制度成功の鍵としての専門家の資格要件を中心として検討しているところである。また，従来は，官僚が調停委員な

---

21) これは，大学の労働法教育にも関係する。多くの裁判官・弁護士は，労働法の全般を知っておらず，一般の民法理論や思考様式で労働事件を処理している。この問題を解決するために，労働法教育を強化するほかに，勉強意欲を高めるために労働法を司法試験科目にすべきではないかと思われる。台湾の労働法教育については，拙稿「台湾的労動法教育之観察與省思——以法律学系之課程為中心」世新法学2巻2号（2009年）132頁以下。

いし仲裁委員となることを可能としているが，その当否が問われる。なお，行政処理システムの改革とは異なり，労働訴訟制度の改革の道がまだ遠いから，更なる検討を要するであろう。

*　本稿は，財団法人民事紛争処理研究基金の研究助成による成果の一部である。

（オウ　ノウクン）

中国における労働紛争処理システムの現状と課題

彭　　光　華

(中国人民大学)

I　はじめに

本稿は中国における労働紛争処理システムについて，制度や運用状況などの現状（II）を把握し，その特色（III），及び抱えている課題（IV）を明らかにする。この上で，東アジアにおける有効な労働紛争の解決システム・解決方法を探りたいものである。

II　中国における労働紛争処理システムの概要と運用状況

1　中国における労働紛争処理システム概観

中国においては，1994年に公布される「労働法」（1995年1月1日施行）に，労働紛争処理手続を企業労働紛争調停委員会による調停，労働仲裁委員会による仲裁裁決，人民法院における裁判と規定しており（79条），いわゆる「一調一裁二審」制度である。2008年，労働紛争の持続増加を背景に，調停機能と仲裁機能の強化を図り，「労働争議調解仲裁法」[1]（同法律のことを以下では「調停仲裁法」と略称する）を新たに立法した（2008年5月1日施行）。以下は，「調停仲裁法」を中心に，中国における労働紛争処理システムを概観する。

(1)　調　停

「調停仲裁法」は，調停組織を従来の①「企業調停委員会」から②「法に基づき設立された人民調停組織」および③「郷鎮，町に設立された労働紛争調停

---

[1]　法律名は中国語原語。中国においては，「労働争議」が特に認められていないため，原語の「労働争議」は労働紛争に当たり，本稿で労働争議をいう場合は「集団的労働紛争」とする。

機能がある組織」まで拡大した（同法10条）。その中に，「法に基づき設立された人民調停組織」は，司法行政に管轄されている民間紛争の処理に携わる組織であり，「郷鎮，町に設立された労働紛争調停機能がある組織」は地方労働組合連合または合同組合の調停組織に由来するが，実際は主に地方政府が主導に行政部門の連携によって運営されている。

「調停仲裁法」において調停手続に関する詳細な規定を置いていないが，中国人力資源と社会保障部（厚生労働省相当，以下「人社部」と略称する）の担当部門が作成しており，同部において審議中の「企業労働争議調解弁法」（草案）によると，調停は当事者一方の口頭または書面の申立てから始まり（同弁法14条），受理してから15日以内に完結しなければならない（同弁法23条，ただし，両方当事者が調停期限の延長を同意する場合はこの限りではない）。調停方式としては，説服を主要な手段とされている（同弁法18条）[2]。調停においては，公開しないのが原則としている（同弁法17条）。なお，調停の結果としては，「調解協議書」の作成が規定されており，同協議書は労働契約の効力を有するとされている（同弁法19条・20条）。

また，2008年のいわゆる「労働三法」（「労働契約法」，「就業促進法」，「調停仲裁法」）の施行後，更なる労働紛争の増加に対して，「人社部」通達は，労働紛争の「企業内での自主解決」と「郷鎮，町レベルの基層での解決」を目的として調停機能の強化を図る姿勢を示している[3]。同通達は政労使三者に構成され，集団的労働紛争を処理する斡旋機能も調停制度に位置づけている[4]。

---

2) ［説服］，すなわち「説理・心服」に関しては，高見澤磨「中華人民共和国における紛争と紛争解決」立命館国際研究8巻1号（1995年）1頁以下参照。

3) 「労働争議の調停を強化することについての意見」，原語は「关于加强劳动人事争议调解工作的意见」（人社部発［2009］124号）であり，2009年10月30日に「人社部」，司法部，総工会，企業連合会によっての共同公布である。

4) 斡旋は中国の労働関係法規においてまだ予定されていない。斡旋の法的根拠規定は「労働法」84条1項の「協調処理」であるが，「労働法」施行後の施行細則等に言及されていないし，長期にわたって集団紛争を正面から認めなかったため，同処理手段は制度として形成されていない。現在未公布の「深圳市集体協商（団体交渉）条例」（草案）において，集団的労働紛争の処理機関として「斡旋調解委員会」と規定し（同条例32条以下），日本，台湾などでも漢字の「斡旋」が使われているため，本稿においても「斡旋」と訳している。なお，前記通達（人社部発［2009］124号）に使われている原語は「調解協調」である。

実際の運営上，中国における調停の多数は，所謂「判断型」調停である。即ち，調停員は調停にあたって，当事者の行為，責任，ないし道徳を評価するのを好んで，紛争契機となる当事者の行為が「正しい」か，「間違い」かを判断するのが常である。今後，労働紛争の解決において調停機能を強化する過程の中に，所謂「説得型」調停が形成されるであろうと予想されている。[5]

(2) 仲　裁

　中国においての仲裁組織は，労使政三者に構成される「仲裁委員会」であり（調停仲裁法19条），「仲裁委員会」は労働仲裁を受理し，仲裁活動を監督する。実際に仲裁を担当するのは，同委員会の下に設立される仲裁廷または仲裁院の仲裁員である。「調停仲裁法」によれば，仲裁員は次の条件の一つを満たさなければならない。即ち，①裁判官経験者，②法律の研究，教育に従事し，かつ講師以上の資格を取得した者，③法律の知識を有し，労務管理または労働組合専従者満5年以上の者，④弁護士操業3年以上の者に限られている（同法20条）。

　仲裁手続は，開廷―陳述―挙証―弁論―仲裁調停―裁決となっている。当事者の挙証に対して，相手当事者の反対質問（「質証」，同法38条），および仲裁員の調査（「査証」，同法39条）が行われることが規定されている。仲裁調停は，仲裁裁決の前に行わなければならないとされている（同法42条）。が，実際の運営においては，開廷前の受理の段階に仲裁員によって調停を行う場合があるから，仲裁過程において2回調停することになる。[6]

(3) 労働裁判

　中国において，労働裁判所などは特に存在せず，労働訴訟に関しては，普通民事訴訟の手続をとっている。

　ただし，管轄権限，調停原則，挙証責任，仮執行における担保制度等においては普通民事訴訟とは若干異なっている。「民事訴訟法」は，専属管轄を「不

---

5) 中国における労働紛争の調停現状およびそれに対する評価は，拙稿「我国調解制度存在的問題及現行調解方法」人力資源277号（2008年）12頁以下がより詳細であり，ご参照されたい。

6) 例えば，広州の「仲裁前手続」，および上海の「準備廷」における調停はそれである。詳細は野田進「労働紛争解決の中国的スタイル」山下昇他編著『変容する中国の労働法』（九州大学出版会，2009年）121頁を参照されたい。

動産紛争，遺産承継紛争，港湾作業紛争」に限定しているが，実際，労働訴訟の場合，賃金紛争は（書面）労働契約の規定する賃金債務者の「所在地」の裁判所に管轄され，労災紛争の場合は，労災事故の「発生地」の裁判所に管轄されている。

民事調停は，当事者の意思自治および契約自由を原則とするが，同原則は労働事件の調停に適しないのが明白であり，実際の労働訴訟の調停においては，「有限調停」，即ち労働基準に関する強行規定を反しない範囲内で行われている。

「主張者が挙証する」のは民事訴訟における挙証責任配分の一般原則であるが，労働裁判においては，解雇事件，および労働報酬，勤続年数を争う場合は，使用者に挙証責任を負わせている。[7]

民事訴訟法においては，財産保全措置と仮執行を申請する場合は，申立人が担保するのが原則であり（同法92条），労働報酬の場合でも，裁判所が仮執行を裁決する場合においては，申立者に担保するのを命ずると規定されている（同法97条・98条）。しかし，実際の労働裁判においては，労働報酬の仮執行において担保を要しない場合が多い。労働仲裁において，労働報酬，労災発生後の医療費，解雇における経済補償等の仮執行の場合は，担保不要となっている（調停仲裁法44条）。労働裁判も労働仲裁の影響を受けていると考えられる。

なお，中国においての裁判は「四級二審制」[8]となっているから，労働事件も最高裁判所に掛けられないため，労働法理論ないし審判根拠としての裁判法理を形成し難い状況にある。

---

7)「最高裁判所の民事訴訟証拠に関する若干の規定」（原語《最高人民法院关于民事诉讼证据的若干规定》，法释〔2001〕，33号6条。
8)「四級」とは，基層人民法院（初級裁判所），中級人民法院（中級裁判所），高級人民法院（高等裁判所），最高人民法院（最高裁判所）のことである。「二審」とは，第一審は初級裁判所，二審は中級裁判所。労働訴訟においては，紛争当事者が大手国有企業，外資企業等の場合，初審が中級裁判所になる場合がある。この場合に限り，高等裁判所は二審裁判所となる。同二審制度のもとにおいては，最高裁判所は実際に労働裁判に携わることはないのである。

2 中国における労働紛争の実態とその特色

(1) 発生率の持続上昇と集団的労働争議の増加

表1で見るように，中国における労働紛争の最大の特徴は，何よりも労働紛争の発生率の持続上昇と集団的労働争議の増加である。「中国労働統計年鑑」

表1 労働紛争の受理件数および参加人員の推移（1995年―2008年）

項目	労働紛争事件受理件数	集団労働紛争受理件数	労働者側の人数	集団的労働者側の事件人数の事	労働紛争の起因	労働報酬	社会保険	労働契約の変更	労働契約の解除	労働契約の終了	その他
1995	33,030	2,588	122,512	77,340							
1996	48,121	3,150	189,120	92,203							
1997	71,524	4,109	221,115	132,647				2,992	10,337	5,344	8,917
1998	93,649	6,767	358,531	251,268				2,840	13,069	4,752	9,515
1999	120,191	9,043	473,957	319,445				3,469	18,108	8,031	8,626
2000	135,206	8,247	422,617	259,445				3,829	21,149	10,816	12,549
2001	154,621	9,847	467,150	286,680		45,172	31,158	4,254	29,038	10,298	
2002	184,116	11,024	608,396	374,956		59,144	56,558	3,765	30,940	12,908	
2003	226,391	10,823	801,042	514,573		76,774	76,181	5,494	40,017	12,043	
2004	260,471	19,241	764,981	477,992		85,132	88,119	4,465	42,881	14,140	
2005	313,773	16,217	744,195	409,819		103,183	97,519	7,567	54,858	14,015	
2006	317,162	13,977	679,312	348,714		103,887	100,342	3,456	55,502	12,366	
2007	350,182	12,784	653,472	271,777		108,953	97,731	4,695	67,565	12,696	
2008	693,465	21,880	1,214,328	502,713		225,061			139,702		

1996年から2009年の「中国労働統計年鑑」（中国統計出版社）より筆者作成。

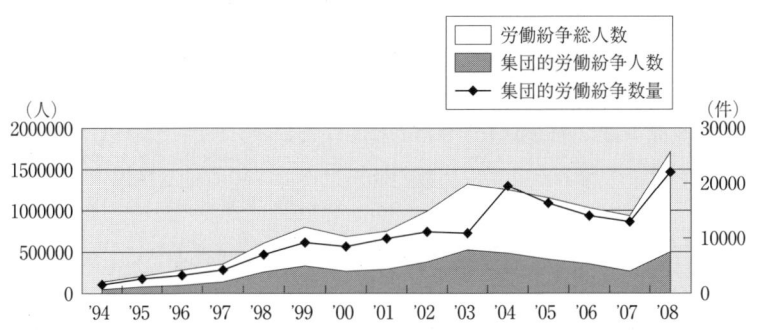

図1 1994―2008年集団的労働紛争の数量と参加者数

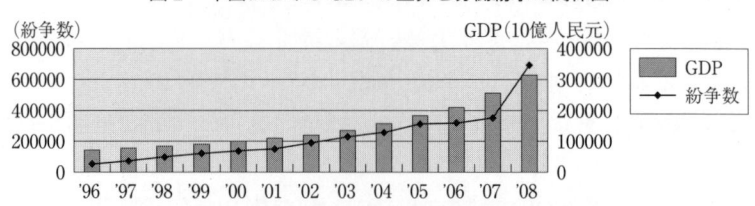

図2　中国における GDP の上昇と労働紛争の関係図

によると，労働紛争全体は1995年労働法施行当時の30,000件から2008年まで20倍以上までに膨らみ，「集体争議」は当時の2588件に対して，2008年は21,880件に上った。

(2)　紛争発生地は経済発達地域に集中

そして，紛争発生地は東南部沿海側の経済発達地域に集中している特色が見られる。2008年，北京，上海，江蘇，浙江，山東，広東など東沿海部において，労働紛争が447,137件も発生し，全国総数の64.5％を占める。その原因としては東沿海部の労働者が学歴はより高く，権利意識はより高いためと指摘されている。なお，図2の「中国における GDP の上昇と労働紛争の関係図」で分かるように，この10数年来において，GDP と労働紛争の発生数は同歩に上昇している[9]。現在の中国においては，「西部大開発」，「東北振興計画」，「中部復興計画」等の国家プロジェクトが組まれており，経済の発展地域も東南沿海部から漸進的に北部，内陸部に伸長し，この過程において同地域の労働者の権利意識もより高くなることであろう。したがって，今後の労働紛争の多発は北部，内陸部に浸透するであろうと予測できる。

(3)　紛争内容は労働報酬，保険福利，労働契約解除に集中

労働紛争の内容からみれば，2002年，労働者側の申立事件の中に，労働報酬事件59,144件，労働者の社会保険および福利厚生に関連する事件は32,622件，労働契約解除事件は30,940件，それぞれ案件総数の31％，18％，17％を占め，三者を合わせて労働者申立案件総数の66％を占めている[10]。6年後の2008年にな

---

9)　ただし，この20数年来，労働報酬の GDP に占める割合も連年下降しつつある。李静叡「労働報酬占 GDP 比例連降22年」新京報2010年5月12日。
10)　罗燕『労働争議処理』(中国労働社会保障出版社，2005年) 13頁。

って，労働者申立事件の中には労働報酬事件は225,061件にも上り，そして保険福利事件は153,598件，労働契約解除事件は139,702件，それぞれ労働者申立案件総数の31％，21％，19％を占め，三者合わせて労働者申立案件総数の71％を占めることになる[11]。したがって，紛争内容は労働報酬，保険福利，労働契約解除に集中しているのが明白であり，のみならず，同類事件の大量増加も中国における労働紛争の大きな特色であると言えよう。

(4) 紛争処理は一層困難になる

そして，労働紛争処理の実務者から，紛争処理に当たって困難度がさらに増していることが中国における労働紛争のもう一つの特色であると指摘されている[12]。その主な原因としては，第一に，新規立法の施行および企業の流動化過程に労働条件，各種保険福利，退職強要等の新しい類型の紛争が増えてくる。第二に，案件における当事者の対立心が一層強くなり，悪性事件（刑事事件等）または集団的事件を引き起こすような事件が増え，処理の困難さを増している。第三に，法律，法規の適用が一層困難になる。労働法は完備されていないこと，並びに中央行政の公布した数多くの法規，規則，通達等は互いに矛盾するところが多く，裁判基準になるようなものが少ない。また，行政仲裁は法解釈をしないことも裁判の難度を高めた。第四に，労働紛争に対するマスコミの関心が高くなる。労働争議は社会的関心が高いため，マスコミも関心を高めている。それに対応するのは，労働仲裁委員会としても人民法院としても経験がないのである。

Ⅲ 中国における労働紛争処理システムの特色

1 紛争解決機関と紛争解決手段

「労働法」立法時において，労働紛争の調停機構としては，制度上工会代表が主任を務める企業内調停委員会のみであったが，同委員会は民間組織の性質

---

11) 2009年『中国労働統計年鑑』（中国統計出版社，2009年）469-473頁。
12) 例えば，前掲注３)「労働紛争の調停を強化することについての意見」においても，労働紛争の処理難を調停機能の強化する原因として挙げられている。

を有し，その設置が義務づけておらず，調停案も拘束力がなかったが，現実的には機能していたのである。市場経済始動期の1992年から1993年にかけて全国労働紛争調停委員会と仲裁委員会の受理した16万件の紛争を例で見ると，その90％が企業レベルの調停によって解決が図られた。なお，仲裁が19,000件，裁判が557件であった[13]。

しかし，その後の市場経済の進展中において，工会の労働者利益代弁者としての色彩が次第に希薄となり，従来から調停機構となる企業労働紛争調停委員会はその構成から公正性が維持できず，紛争解決において，紛争解決機関として労働行政は，紛争解決手段として労働仲裁は中心的役割を果たすようになる。この十数年の間に企業労働紛争調停委員会は次第に機能しなくなること，および労働紛争処理の仲裁前置主義がその裏にあると考えられる。中国においては，紛争解決に多様な手法，特に労働仲裁機関を始め，裁判所，労働監督部門，使用者団体，工会などと連携して労働紛争を処理することが多い。これらの組織はそれぞれ独自の利益または立場を有しながらも，いずれも行政的性格が強いため，紛争解決の行政作用が特に大きいと言えよう。近年の調停を重視する運びの中においても，労働行政による仲裁前調停と仲裁過程における調停が割高く労働紛争を解決している。

中国においては，労働紛争処理は行政役割を中心とするが，実際に法律に予定されていない手続が各地の紛争処理担当者により創設され，その労働紛争解決手段の中身は多彩である。例えば，深圳市で，宝安区においては，労働，公安，司法，交通，社会保険，市政等の行政部門は工会，企業連合会等と連携する「大連調」（大規模な連合調停）システムを創設し[14]，龍崗区においては，紛争発生地で現場処理を行う「巡回仲裁廷」を設立した[15]。また，中山市（広東省）の場合は，市に管轄される全24の郷鎮に仲裁院を設立した上，村労働紛争調停委員会227も立ち上げ，村労働紛争調停員748人も育成した（2009年12月現在）。

---

13) 石美遐「中国の社会主義移行期における労働関係と労働政策」日本労働研究雑誌435号（1996年）35頁（訳，郷野晶子）参照。
14) 陳長貴「宝安区：五項机制促進労働関係和諧発展」労働関係256号（2009年）47頁。
15) 楊廉・劉建華「龍崗区：在実践中求解集体争議的和解之道」労働関係256号（2009年）44頁。

同村労働紛争調停委員会は，2008年に，労働紛争を8,357件を調停し，全市23,825件の労働紛争の35.1％を処理し，調停妥結率は80％に達したのである[16]。

「大連調」，「巡回仲裁廷」，並びに「村労働紛争調停委員会」いずれも労働紛争の迅速的解決の方法として考案されたものである。

2 労使関係との関係

中国においては，労働紛争の多発する原因は，企業経営側遵法意識と労働者の権利意識の希薄，労使関係主体力量の不均衡，労働者利益代表者の不在，および労働監督行政の機能不全などが挙げられるが，労働組合の紛争予防機能の脆弱と団体交渉権保障制度の空白により，労使関係に求め得る紛争予防機能の欠如が最大であると言えよう。

中国の工会は最初から自主性，民主性を有せず，しかも長く工会運動史の中でそれを求める動きがあったが，いずれも成功せずに終わったのである。従来の工会の特質について総括すれば，工会組織全体が共産党の指導下にあり，工会活動も党および行政（政府または企業行政）に統括されているために，外部関係において大衆団体としての独立性を有していないこと，内部運営においては民主性がないことが挙げられることができるであろう。即ち，現段階においては，まだ自主性，民主性を有する労働組合となっていない状況にある。

したがって，工会は労働者の利益代表として使用者と交渉し，これをもって労働紛争を予防することが期待できない。例えば，労働協約制度における労働組合の役割を取ってみれば，労働協約の締結過程において，労働者に企業側の条件を受けさせるよう動員することや，集団紛争の処理過程において，企業を代表して労働者を説得するなどのことが，現実に行われている。これは，労働組合の固有的な行政機構的管理機能が原因であるといわれている[17]。

労働関係は，労働者と使用者との動態的権利・利益の調整によって存立するところの安定的統一体である。このような動態的かつ複雑な権利・利益の調

---

16) 胡嘉蔚「中山市：充実労働法律実施基礎」労働関係256号（2009年）42頁。
17) 夏積智主編『中国労働法若干重要理論与政策問題研究』（中国労働社会保障出版社，2004年）37頁参照。

整メカニズムとして，労働関係が成熟している先進諸国では，民主主義を理念とする労使自治の原理の下で，恒常的団体として組織機構が整備されている労働組合が労働者を代表し使用者または使用者集団と団体交渉を行うことが，通常とされている。しかも，交渉手続自身は紛争予防の一プロセスである[18]。しかし，中国においては労働協約制度が予定されているものの，団体交渉権を含むいわゆる「労働三権」は保障されていない。市場経済導入後の中国においても，労働者と企業との利益の対立が明らかとなり，団体交渉という調整メカニズムを通じて労働紛争の発生を予防し，労働関係の統一または安定を図るのも避けて通れないこととなろう。

3 実体法との関係

2008年に，いわゆる「労働三法」が施行され，実体法の整備，特に「仲裁法」に規定される労働仲裁の無償化は労働紛争の多発に繋がっていると言われている。また，「就業促進法」（2008年1月1日施行）では病原携帯者，農民工などに対する差別を禁止する規定を新たに設け（同法30条・31条），雇用差別事件における紛争解決システムの再構築が求められる。そして，「労働契約法」では，「労働関係」の形式要件を撤廃し（同法7条），解雇事件における原職復帰も可能にした（同法58条）。かような新類型の労働紛争の処理においては，如何にして妥当な裁判が得られるかに関しては，今後の判例の蓄積が必要となろう[19]。

また，労働裁判においては，集団的労働紛争に対しても個別労働紛争として処理されている。実定法および手続法に集団的労働紛争に関する根拠規定がないことはその主な原因である[20]。したがって，集団的労働紛争解決に関する実定法及び手続法の完備も立法的課題となろう。

---

18) Stephen B. Goldberg Frank E. A. Sander Nancy H. rogers Sarah Rudolph Cole, Dispute Resolution（中国語訳は蔡彦敏・曾宇・刘晶晶，中国政法大学出版社，2001年）19頁以下が詳しい。
19) 「労働三法」施行後の新類型労働紛争の全体像については，拙著『和弈三十年①労働関係縦与横2008—2009』（中国法制出版社，2010年）を参照されたい。
20) 乔健「我国集体労働争議及其治理机制研究」顔輝主編『中国特色社会主義工会理論研究（第一巻）』（中国労働社会保障出版社，2007年）81頁参照。

なお、中国における労働紛争処理システムは、諸外国から影響がほぼないに等しく、完全な「中国特色」であると言われている。ただし、中国の労働紛争処理システムはまだ形成する途中にあり、今後は共通する文化的基盤を有する東アジアから経験を吸収をすることになるであろう。

IV　中国における労働紛争処理システムの課題

1　制度・運用の改善をめぐる問題点と議論の状況

(1)　地方立法による補充改善

労使間の団体交渉は集団的労働紛争を予防、解決できるのみならず、個別紛争の予防、抑止にとっても有効な手段であるという認識から、広東省、および深釧市などでは「団体交渉条例」を地方立法によって実施しようとしている。

(2)　調停を重視する姿勢とその取組み

人力資源と社会保障部、司法部の最近の取組みとして、人民調停制度を労働紛争処理に当てる指針を公布するため、現在調査、研究している。これを前に中央労働行政は既に司法部、総工会、企業連合会と共同して「調停を強化することについての指針」（人社部発［2009］124号）を公布している。

また、「企業労働争議調停弁法」（草案）が既に作成されており、現在審議中である。同通達は、企業内労働紛争調停委員会の三者構成（労、使、工会）を労使の二者構成にする（同草案7条）など、従来の企業内労働紛争調停委員会の枠組みを新たにしており、労働紛争を有効に解決するための調停システムの機能を求めている。

2　労働紛争の解決に当たる人材とその養成の現状と課題

中国においては、労働紛争の解決に当たる人材は厳重に不足している。最も「人材豊富」と言われている仲裁員でも、その現状と「仲裁法」に予定される仲裁員像とは程遠い所にある。「調停仲裁法」によれば、仲裁員資格を取るた

---

21)　王光華・王燦禕「争議処理的有効性問題立体而模糊——労働争議処理制度的現実困惑与理想藍図」労働関係256号（2009年）20頁参照。

めには，裁判官，学者講師以上，弁護士3年以上，労務管理専門家または工会専従者勤続5年以上のいずれかでないといけない（同法20条）。しかし，全国1万人の現職仲裁員は全員労務管理の「専門家」であるとしても，勤続5年以上の者は約3分の1しかいないのが現状である。3,000人余りの仲裁員をもって年間70万件にも上る労働紛争を解決することは無理がある。[22]

　労働紛争処理の人材不足を解消するため，2007年12月に「労働関係協調員」という新職種を開発し，労働法，労使関係などに試験を通して「労働関係協調員」資格を取得した民間人に私的紛争処理を行わせる「社会化」の試みである。しかし，その後の省庁合併で所轄不明などを原因に，同制度は進まれていない。これに対して，労働監督による紛争予防と労働行政・司法行政の連携は効果的であると言える。

　したがって，中国における有効な労働紛争の解決システム・解決方法としては，調停を機能させること，労働仲裁院を実体化することと仲裁員，特に知識経験者の育成が最も急務となろう。

V　むすびにかえて

　もっとも，労働紛争の闘争主義（Kampfprinzip）は労働裁判を発達させ，労働紛争の協調主義（Vertrugsprinzip）は裁判外の紛争処理に繋がる。[23] 東アジアの労働紛争処理システムを概観すれば，韓国の労働委員会という国の行政機関による判定的解決，台湾の地方政府および民間受託機関による調整的解決（調停，あっせん），中国では，地方政府による調整的解決（調停，仲裁）が，それぞれ労働紛争解決の主流となっており，ヨーロッパ諸国と比較すれば，労働裁判所タイプの司法制度に依拠することなく，裁判外の紛争処理の役割，とりわけ処理機関としての行政機関の役割が大きいことは共通している。したがって，

---

22) 仲裁院および仲裁員に関する公式統計はないため，上記数字は筆者の「人社部」に行ったヒヤリングによる。インタビューに応じたのは「人社部」調停仲裁管理局の郭暁憲市氏である。
23) 史尚寛『労働法原論』（正大印書館，1978年）357頁参照。

裁判外の紛争処理，即ちいわゆる労働 ADR は労働紛争解決システムの東アジア的特色であると言えよう。

　これが妥当するのであれば，有効な労働紛争解決のために東アジアで共通に考えるべきことは，任意主義の処理方法（Grundsatz der Freiwilligkeit）であろう。例えば中国においての深圳市宝安区「大連調」，同市龍崗区の「巡回仲裁廷」，広東省中山市の「村労働紛争調停委員会」，並びに広州市の「仲裁前手続」と上海市の「準備廷」等は，任意主義の処理方法であると評価することができよう。

　＊　本稿は，財団法人民事紛争処理研究基金の研究助成による成果の一部である。

（ペン　ガンファ）

東アジア労働紛争解決システムの中の日本
―― その位置と課題 ――

野 田 　 進
(九州大学)

I　はじめに

　本稿は，日本の労働紛争解決システムとその法政策を，東アジア諸国（中国，台湾，韓国）等の中に位置づけることにより，日本の特色や特異性を明らかにし，問題点や課題を抽出しようとするものである。

　東アジア諸国の労働紛争解決は，①特別労働裁判所という裁判システムではなく，労働行政部門が主要な役割を担っている点，②判定的解決と調整的解決とが拮抗している点，③背景事情として，1990年頃から今日に至るまでに，統計に現れた個別労働関係紛争が急激に増加している点，④これに対応して労働紛争のための法律・制度の整備の進展が著しい点で，共通性が強い。これら近似する傾向の中で，日本の特色を抽出する作業は，比較法・および比較制度の手法として有効であると思われる。

　以下では，(1)各国における労働紛争解決システムにおける特色を概観したうえで，(2)各国の労働紛争解決制度の同質性と異別性を検討し，(3)日本における論議のあり方と政策課題を検討したい。なお，本稿では，検討の主軸を個別労働関係紛争の紛争解決システムに置き，集団的紛争に関しては個別紛争との関連で言及するにとどめる。

II　各国における労働紛争解決システムの特色

　ここでは，東アジア各国における労働紛争解決システムの特色を，IIIで行う

比較検討作業の前提情報として論じるべきところであるが，本稿では与えられた紙数の制限により，すべて割愛せざるを得ない。各国の情報については，本号の各報告者による論考，および筆者が調査報告として既に発表した論考を[1]，また，日本の労働紛争解決制度のかかえる諸課題については，筆者が別に問題提起として発表した論考[2]をそれぞれ参考にしていただきたい。

Ⅲ　東アジア諸国における労働紛争解決の共通性と独自性

1　検討視角

中国，韓国，台湾と日本における紛争解決の枠組みと実情をもとに，論点ごとにいわば「横串」を通して各国を見比べることで，東アジア諸国における労働紛争解決の同質性と異別性を浮き彫りにしたい。各国における特色を検討するにあたって，次の論点を考察すべきであると考える。

第1に，ADR機関や司法機関が，どのように機能しているかを，受理件数という客観的な数字で明らかにしたい。第2に，各国の労働紛争解決機関の受理件数は，いずれも近年において増加しているが，そうした展開の背景を考えておく。第3に，紛争機関として何が主要な役割を果たしているか，また，紛争解決の方式としていかなる手法が採用されているかを通覧する。第4に，紛争解決の手続の中で，それらが対審・公開の方式か否か等，手続進行の概要（基本パターン，スピード等を含む）についても通覧して検討したい。第5に，紛争解決に労使が関与している場合に，それぞれがどのような役割を果たしているかも，比較検討したい。第6に，各国の紛争解決システムが，労働実体法との関係でどのように発展しているかも意識的に検討したい。

以下では，これらを通覧しつつ，日本の特色をそれぞれについて確認したい。

1）　各国については，野田進「中国における労働紛争の裁判外解決システム」季労224号（2009年）53頁，同「韓国における不当解雇等の労働委員会による救済」季労226号（2009年）242頁，同「台湾における労使紛争解決制度と民間委託あっせん」季労227号（2009年）188頁を参照。
2）　野田進「労働委員会制度の再編に向けて――『労働委員会法』構想とその概要――」月刊労委労協648号（2010年）2頁。

2　紛争解決機関における受理件数

日本では，労働局あっせんおよび労働審判とも，2009年度まで順調に受理件数を伸ばしているようである。また，道府県労働委員会の個別紛争あっせんも，低位ながら着実に受理件数を伸ばしている。

しかし，これら労働紛争の受理件数を，対労働力人口比率で算定し，他の東アジア諸国と比較すると，日本の紛争受理件数は，極度に少ないことがわかる。すなわち，筆者は2008年の各国統計をもとに，個別的労働紛争と集団的労働紛争ごとに，行政 ADR の受理件数と民事訴訟の初審の新受理件数とを算出し，その合計を労働力人口で除するという作業を行い，申立受理および新受理件数の対労働力人口比率（×1000）の算出を試みた。それによると，まず，個別的労働紛争でみると，日本の受理件数の対労働力人口比率（0.21045）は，韓国（0.70222）の3割以下，中国（1.24821）の6分の1程度，台湾（2.46134）の約12分の1である。同じく集団的紛争でみると，日本（0.01377）の件数は，比較可能な国である韓国（0.09007）と比べると，ほぼ7分の1である[3]。なお，こうした日本の紛争処理の少なさは，労働裁判所等を有するドイツやフランスなどの諸国と比較するとさらに顕著であり，日本はこれらの諸国の数10分の1以下にすぎないことが，つとに知られている[4]。

こうした状況は，何を意味するか。日本の労働紛争処理件数の極度の少なさに対して，説明可能な特段の事情が見あたらず，また現在の増加傾向も考慮するならば，日本では今後，個別労働関係働紛争を中心に，他の諸国に少なくとも近い水準にまで，紛争解決機関に持ち込まれる紛争の件数が増加すると考えるのが自然であるということである。

3　紛争解決システムの背景

各国とも，法制度の発展の背景には，個別労働関係紛争の激増ともいうべき

---

[3] 各数字の算出式や根拠については，ここでは与えられた紙数の制限により割愛せざるを得ない。学会シンポジウムで提供した報告レジュメを参照されたい。

[4] 例えば，毛塚勝利編『個別労働紛争処理システムの国際比較』（日本労働研究機構，2002年）の各国報告を参照。

事態がある点で共通である。さらに，紛争増加の原因については，政治的側面と経済的側面ともに共通する側面がある。

政治的には，中国の改革開放政策（1978年），韓国の民主化宣言（1987年），台湾の戒厳令解除（1987年）など，総じていえば国家的な民主政策への転換を契機に新たな労働紛争解決システムが導入され，それまで労使関係の内部に潜伏していた労働紛争が顕在化したとみられる動向がある。これに対して，日本の場合は，こうした政治的文脈は希薄だが，非正規雇用の増加など雇用構造の変化に伴い，労働紛争の企業外部化が進むようになり，それにより紛争解決の「法化」が進展して，労働紛争が可視的になったといいうる。

一方，経済的側面では，各国の経済発展を前提として，世界的規模で押し寄せてきた不況の波が労働紛争の増加に拍車をかけている。経済のグローバル化や企業の流動化が労働紛争増加につながっている点も，各国共通である。

また，いずれの国も，労働紛争はそれが激増するまでは存在しなかったわけではなく，潜伏することで権利救済が困難であったとみるのが妥当であろう。その解決を受け入れる紛争解決システムが整備されたとき，紛争が顕在化するようになり，申立て・受理件数が飛躍的に拡大する。この点は，日本でも例外ではないはずである。とすれば，日本の労働紛争の件数が極度に少ないとすれば，そこに解決システムの機能不全があることを予想せざるを得ないのである。

最後に，これらの原因による紛争の激増を背景にして，各国の労使紛争解決システムの整備もまた，ほぼ共通の目的を持つ。すなわち，激増する紛争解決をすべて裁判に委ねるのであれば，裁判官の人員を始めとして，とうてい対処することができない。そこで，紛争解決の流れの，裁判に至る前の「上流」において，できるだけ早期に紛争を解決することが求められた。そこで，各国で導入されるようになったのが，各国の ADR による紛争解決である。

4　紛争解決機関と解決方式

ADR 機関は，各国において多様である。図表1は，縦軸に紛争解決の公的か私的かの別，横軸に判定的か調整的かの別を取り上げ，その程度の大きさも考慮しながら，各国制度の位置づけを試みたものである。韓国では，中央政府

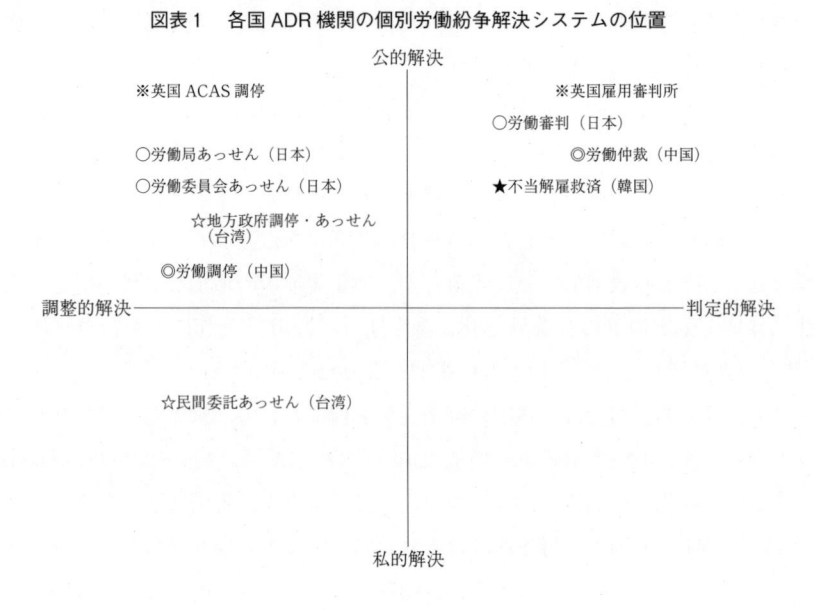

図表1　各国 ADR 機関の個別労働紛争解決システムの位置

```
                        公的解決
                          │
※英国 ACAS 調停           │           ※英国雇用審判所
                          │           ○労働審判（日本）
○労働局あっせん（日本）   │           ◎労働仲裁（中国）
○労働委員会あっせん（日本）│          ★不当解雇救済（韓国）
      ☆地方政府調停・あっせん
           （台湾）       │
      ◎労働調停（中国）   │
調整的解決────────────────┼────────────────判定的解決
                          │
                          │
                          │
      ☆民間委託あっせん（台湾）
                          │
                          │
                          │
                        私的解決
```

の行政機関である労働委員会の行う不当解雇救済や不当労働行為という判定的解決が，主要な解決方式である（ただし，不当解雇等の判定手続でも，約70％が和解・取り下げで解決している）。台湾の主要な解決システムは，地方政府および民間受託機関の行う調整的解決（調停，あっせん）である。中国では，地方政府による調整的解決（調停，仲裁）が主流であるが，実は労働仲裁制度の実質は，きわめて判定作用に近いものである。

　日本については，第1に，英国の方式に近く，行政機関によるあっせんと裁判所の労働審判とが共存しているのが特色である。しかし，第2に，日本では，中央政府の地方出先機関（都道府県労働局）と地方自治体（道府県）とが，ともに公的で調整的なあっせん制度を受け持っており，後述のようにあっせん担当者の違いがあるとはいえ，いかにも奇異な二重システムの印象を免れない。

5　各制度間の連携

　各国における各制度の関連性は，3つに分けることができよう。第1に，ある制度において紛争解決を試みることが，別の制度で紛争解決を申請するため

図表2　各国の個別労働関係紛争解決システムの流れ（左から右へ）

○は，当該国で実施している紛争解決制度である。
太い実線は，左の制度が右の制度の義務的前置とされていることを示す。
やや太い実線は，義務的前置ではないが，強い関連性をもつことを示す。

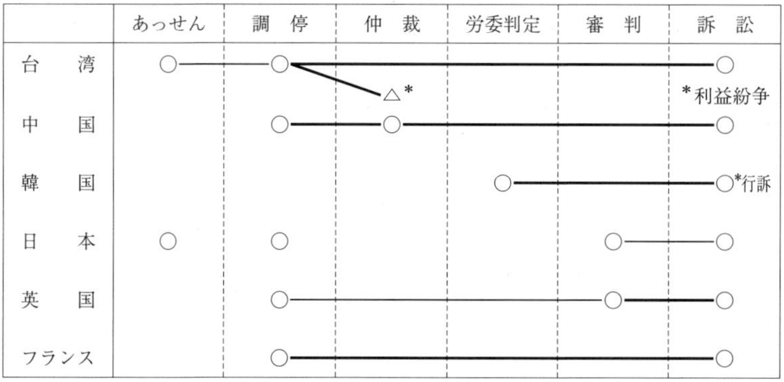

	あっせん	調　停	仲　裁	労委判定	審　判	訴　訟
台　湾	○	○	△*			○ *利益紛争
中　国		○	○			○
韓　国				○		○ *行訴
日　本	○	○			○	○
英　国		○			○	○
フランス		○				○

の要件とされる，義務的な前置主義が取られている場合，第2に，義務的な前置というわけではないが，制度上または事実上強い連携や関連性が予定されている場合，第3に，各制度が，相互に何の関連性もなく，当事者が任意に選び取ればよいとされている場合である。

　これを表現するのが，図表2である。各国における紛争解決の主要な制度は，義務的な前置主義の関係か，または強い関連性のもとで，連携・協力して紛争解決に当たっているということができるが，日本だけは異質である。各種のあっせんや調停が，労働審判に関連づけられないからである。日本の各制度の配置はイギリスに似ていないでもないが，審判とあっせんとは，イギリスにおける雇用審判所とACAS（助言調停仲裁サービス）調停のような制度上の関連がまったくなく，単純に並置されているにすぎない。そのため，あっせん制度が存在しながら，労働審判でも同じ紛争のあっせんの経緯など顧慮することなく独自に調停を積極的に試みるという制度設計であり，異なる場で調整作業を繰り返すという，ちぐはぐで無駄の多い設計となっている。しかも，紛争解決は，当事者が審判という「対立モード」になる前に，できるだけ早い時期に「上

5）　野田進「イギリス労働紛争解決システムにおける調停——ETとACASの制度的関連について——」季労228号（2010年）134頁を参照。

図表3　三者構成による解決方式

```
                        行政または民間人単独
                              │
   ☆民間委託あっせん（台湾）    │
   ○労働局あっせん（日本）      │
   ※英国 ACAS 調停            │
                              │
                              │
      ◎労働調停（中国）        │        ◎労働仲裁（中国）
                              │
  調整的解決 ─────────────────┼───────────────── 判定的解決
                              │        ※フランス労働審判
                              │
                              │
      ○労委あっせん（日本）    │        ★不当解雇救済（韓国）
      ☆地方政府調停（台湾）    │        ○労働審判（日本）
                              │        ※英国雇用審判所
                              │
                              │
                          三者構成
```

流」で解決するという，各国で苦心して実現している試みが日本ではまったく考慮されていない．

6　紛争解決の担当者

(1)　三者構成・行政・民間

誰が紛争解決を担当するかは，制度のコンセプトを決定する重要な要素である．たとえば，労使を含む三者構成が担当することは，労働紛争解決における労使自治理念の表れであり，行政が担当（または担当者を決定する）するのは，紛争解決における公益または社会的公序の表現といえよう．なお，三者構成については，政府代表の加わる「政労使」の場合と，政府から切り離された公益的理念に基づく構成としての「公労使」の場合とがあるが，両者の区別は台湾の調停委員のように難しい場合が多く，ここではその区別をあえて重視していない．

図表3に示すように，三者構成を採用しているのは，韓国の労働委員会による不当解雇等の救済制度，台湾の地方政府による調停制度，および日本の労働

委員会におけるあっせんである。日本の労働審判における労働審判員は，労使各側の代表というわけではなく，「労働関係に関する専門的な知識経験を有する」者という資格である（労働審判法9条2項，労働審判員規則1条）。この点は，イギリス雇用審判所の素人裁判官 Lay-Member も同様であり，必ずしも紛争解決への労使自治の取り組みの結果ではない。したがって，労働審判や雇用審判は，正確には公労使代表の三者構成とは言い難いが，便宜的に含めている。

次に，三者構成ではなく，行政官そのものや，行政の採用する弁護士，人事労務の実務経験者，大学教員等の民間人だけで任務を担当する場合がある。中国の労働調停，日本の労働局あっせん制度などがそれである。ただし，中国の労働仲裁制度は，制度上は政労使の三者構成が建前だが，実質的な担当者は地方政府における常勤または非常勤の仲裁員である。また，行政の採用する民間人による解決の場合，韓国労働委員会における調査官や中国の仲裁機構職員のように，実は行政官がいわば裏方で実務を支え，重大な機能を果たしている実態もみられる。また，台湾の民間団体あっせんの場合，担当者は民間人で，公的立場でもなく労使の代表でもないが，それでも高い信頼性を保持しているのは，地方政府による委託機関の認証制度やあっせん員の教育等があるからといえよう。

これらの中で，日本では，①労働委員会の公労使三者構成，②労働審判の職業的審判官と素人審判員の編成，③労働局あっせんにおける弁護士・大学教員など民間人編成，④地方自治体の知事部局あっせんにおける常勤の地方公務員など，各制度ごとに，幅広い人材が紛争解決に当たっている。しかし，各制度の多様性は評価できるとしても，労働紛争解決の担当者についての基本理念が散漫であり，制度全体の理念が見えてこない。

(2) 労使担当者の役割

三者構成など労使の代表が紛争解決に加わる場合に，同人らがどのような役割を果たしているかは，そこに表現される労使自治の理念を表現する。これを分析する場合，労使の担当者が何（誰）を代表しているのか，また，強い権限（＝決定権限）を持つのか弱い権限（＝決定に参画しない諮問的な立場）にすぎないかに注目するのが有効である。図表4は，その指標で分類を試みたものである。

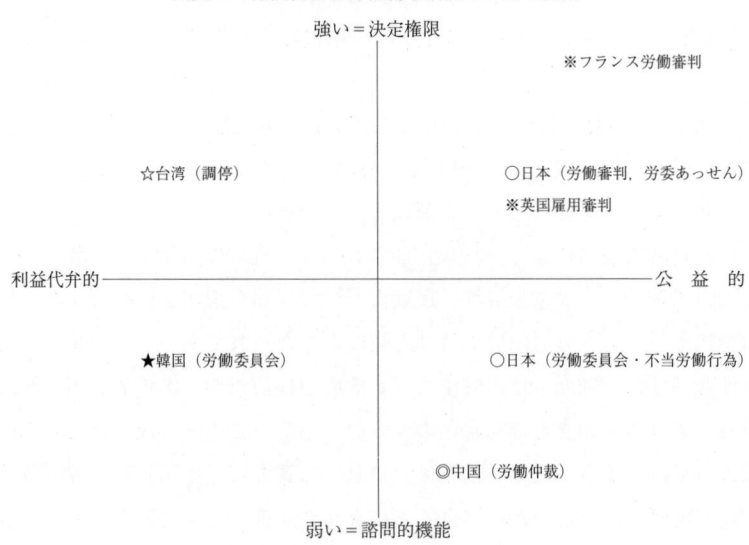

図表4　労使代表の労働紛争解決における役割

強い＝決定権限

※フランス労働審判

☆台湾（調停）　　　　　　　　　　○日本（労働審判，労委あっせん）
　　　　　　　　　　　　　　　　　　※英国雇用審判

利益代弁的─────────────────────────公　益　的

★韓国（労働委員会）　　　　　　　○日本（労働委員会・不当労働行為）

　　　　　　　　　　　　　　　　　◎中国（労働仲裁）

弱い＝諮問的機能

　この点について言うと，ヨーロッパの，特にフランスにおける労働裁判のシステムは，原則として職業裁判官を除外して労働者・使用者から選任された労働審判官のみが，個別紛争の第1審裁判の判決を下すものであり，高い公益性と強い判定権限を持つ[6]。これと対極をなすのが，台湾の調停制度における労使委員であり，当事者が調停委員を選任するという仕組みになっていることから，調停員は当事者の利益代弁者としての機能が顕著である。韓国の労働委員会における労側・使側委員も当事者サイドに位置しており，労使の利益代表という役割も果たしている。

　以上の中で，日本の労働委員会による個別紛争あっせんは，労使の役割という点で特異である。第1に，三者構成のあっせんというのが他の諸国では例がない独自のものである。第2に，労使の委員が正規のあっせん員として公益委員と同様の公益的立場に立つ点も，東アジア諸国では他に例がない。労調法に基づく斡旋の慣習が踏襲されたものであろうが，そもそも労調法斡旋では三者

---

[6] 野田進「フランスにおける個別紛争の調整的解決最前線」季労221号（2008年）210頁を参照。

構成とすべき要請はないし，個別労働紛争解決を労使自治という理念で実施することに，いかなる意味があるか再検討の余地があるのではないだろうか。

7 手続の実情

(1) 手続の迅速性

申請から判断（調整案）が出されるまでの期間は法律で定められていることが多く，中国の労働仲裁は原則45日（最大延長60日），韓国の不当解雇制度は90日，台湾の労働調停は原則24日（最大延長32日）と定められている。また，法律の定めはないが，台湾のあっせんは申請後10日以内に実施される。すなわち，いずれのADR機関も，手続の迅速性を旨としており，実際そのようにしないと多数の紛争解決を処理することはできない。

日本では，労働審判は申立日～終局日の平均審理期間は74.6日であり（2009年），また，各個別紛争あっせんについては，法定基準も集計もないが，1か月以内の期間で処理がなされているものと思われる。

(2) 審理方式と時間

ところで，筆者の試みた東アジア各国のインタビュー調査[7]では，あっせん処理や審問の所要時間は，約1時間という回答が多く，日本のあっせんや不当労働行為の審問のように2～3時間を要することはない。日本のあっせん・調停に長時間を要するのは，日本では交替での個別あっせんが一般的であり，対面方式がほとんど採用されてないのに対して，東アジア各国の調整的解決においては，当事者同席のあっせん・調停が一般的だからである。この点は，イギリスのACASの調停，フランスの労働審判所での調停も同様であり，今のところ，日本のような交替方式中心の例を，筆者は知らない。そして，当事者別々に調整を行うことは，裏取引を疑われ公正性を害するとの見解が，私の接した東アジア諸国では強かった。また，日本の交替での個別あっせんは，所要時間と部屋数の確保という点で実務的には多大な負担となる。さらに，当事者が顔を合わせて，何らかの話し合いの場を持つことで，自分や相手方の非に気付く

---

7) 前掲注1)に掲げた各国調査を参照されたい。

図表5　各国の紛争解決手続法と主な実体法の制定

	労働紛争解決手続法	労働実体法
中　国	労働紛争調停仲裁法（2007）	労働契約法（2007）
韓　国	労委の不当解雇制度（1989） 労委の差別是正制度（2007）	勤労基準法改正（1989） 非正規職保護法（2007）
台　湾	労資紛争処理法改正（2009未施行）	大量解雇労働者保護法（2003）
日　本	個別労働関係紛争解決促進法(2001) 労働審判法（2007）	労働契約法（2007）

ことになり，真の和解に向けた調整活動が可能となるといわれる。事柄の当否はさておき，日本の方式が異例であるとの認識は持っておくべきであろう。

なお，判定的解決においては，韓国の不当解雇制度，中国の労働仲裁，日本の労働審判ともに職権訊問中心であり，そのことが迅速な審理を支えている。これに比べると，個別紛争から離れるが，日本の不当労働行為の交互尋問方式（イギリスの雇用審判所もこれを採用）は，きわめて時間消費的な方式である。

8　法整備の進展

(1)　手続法と実体法

各国ともに，労働紛争解決の手続法だけでなく，実体法レベルでも改革が進行中である（図表5）。すなわち，これら労働紛争手続法と労働実体法とは，軌を一にして制定され，相互に連関することで機能を発揮するといいうる。たとえば，中国では，労働契約法の施行に伴う紛争の増加に対処すべく労働紛争調停仲裁法が準備された。また，韓国では，勤労基準法で解雇や懲戒等の処分につき正当事由説を採用して要件を明確化することにより，労働委員会というADR機関による解決が可能となった。このように実体法と手続法は，いわば車の両輪となって，各国の個別労働関係法の発展を支えている。

(2)　日本の労働契約法のADR不適合

職業裁判官によらないADRの紛争解決実務では，法については素人の調整員が大量の事件の解決を図る必要があるために，労働実体法において，不当解雇等の判断のための要件・効果が明確に規定されている必要がある。中国や韓

国の各実体法の規定は，解雇等について正当事由説に依拠した要件を明示しており，この点で ADR 実務にとって有用であり，制度の発展を支えている。これに対して，解雇，懲戒，出向について権利濫用という微妙な判断を要求し，その他，配転等の人事措置に関する個別労働関係紛争について判断基準を提供しない日本の労働契約法は，ADR の紛争解決実務にとって使い勝手の悪いもので有効でない。[8]

他方，日本の労契法16条が不当解雇について解雇無効の効果しか予定しない点も，ADR 実務に適合的でない。実際には，労働審判でも各機関あっせんにおいても，解雇無効を前提とする復職という解決はほとんどなく，金銭解決が一般的である。そして，あっせんや労働審判における金銭解決が，解決相場や救済水準を引き下げるとの批判があるが，それは金銭解決の最低基準の定めがないことに一因がある。この点，金銭解決を不当解雇の解決方法の一つとして予定する韓国（勤労基準法30条3項，救済命令としてのバックペイ）や中国の法制（労働契約法47条・87条，通常の経済保障の倍額）では，ADR 機関でも実体法に即したかたちで解決を図ることが可能である。

(3) 実体法との矛盾

労働委員会は，労働組合法に基づく制度であり，集団的労働紛争の解決を受け持つ機関として位置づけられている（労組法19条以下）。ところが，多くの労働委員会は，個別労働紛争のあっせんを行い，その数は増加する傾向にあり，多くの道府県労働委員会の取扱件数は，個別紛争の方が集団的紛争より多いのが実情である。のみならず，この労調法に基づく斡旋そのものが，集団的労働紛争の外形を取りながら，解決すべき紛争は解雇や雇止めなどの個別紛争であることが多く，実はその集団的紛争の実質が「個別紛争化」している。

このように，件数の面でも内容の面でも，労働委員会の取り扱う紛争の中心は個別的労働関係紛争になっており，その結果，紛争の実体法的側面と解決制度・手続との間に食い違いが生じている。したがって，日本の紛争解決制度は，

---

[8] ただ，労契法のうち，期間の定めのある労働契約の期間途中の解雇に関する17条1項だけは，規定が明確なだけに ADR 実務でも有効に活用されている。同様に，不当労働行為の不利益取扱い（労組法7条1号）は，成立要件が明確に定められており，法律に素人の公益委員でも，要件事実を吟味することで判断を導きうる規定になっている。

車の両輪がちぐはぐで不完全な進行にならざるを得ず，労組法等の集団的労働法も含めて大幅な改革が必要である。[9]

Ⅳ　日本の労働紛争解決システムの課題

1　検討結果の抽出

　東アジアの諸制度の中で，日本はどのような特色を持ち，いかなる立ち位置にいるか。上記の分析を，改めて次のように整理することができる。

　(a)　紛争増加の背景　　日本でも，個別労働関係紛争の増加の傾向が見られるが，他の東アジア諸国と比較すると，極度に件数が少ない。今後，引き続き受理件数が増加するとみるのが自然であり，もし増加しないとすれば，むしろ紛争紛争解決システムに問題があると言うべきである。

　(b)　裁判所とADRの共存と連携不備　　日本では，他の諸国と異なり，司法救済や行政ADRの各解決制度間に，前置主義や事実上の強度の関連などの連携が考慮されず，またイギリスのような審判制度と行政ADRとの制度的連携も予定されてない。ちぐはぐで，無駄の多い制度設計である。

　(c)　行政ADRの二重あっせん　　中央政府の地方出先（労働局）と地方自治体（道府県）とが，ともに公的で調整的なあっせんという点で共通の紛争解決を行っており，ここでも相互の連携がない。

　(d)　紛争解決の担当者　　日本では，公労使三者構成のタイプ，調整担当者の多彩な人選などが特徴であるが，その分，全体として労働紛争解決について基本となる一貫した政策原理が見えず，便宜的な人材登用である。

　(e)　労働委員会による個別紛争あっせんの特異性　　公労使三者構成のあっせん制度が設置されている点，および，労使の委員が公益的立場に立つ正規のあっせん員とされている点も，東アジアでは他に例がない。

　(f)　調整方法の特色　　調整が，交替での別室あっせん方式でなされるのが一般的であり，他の諸国のような対面中心の方式が採用されてない。

　(g)　実体法　　労働契約法は，個別紛争の争点について規定が不十分なだけ

---

9)　この点につき，前掲注2)の筆者の論考をされたい。

でなく，不当解雇等の要件面では正当事由が明確にされず，効果面では金銭解決が選択肢として予定されていない。ゆえに，労働契約法はADRの紛争解決の解決ツールとしてははなはだ使いにくい法律である。

(h) 労働委員会　多くの労働委員会の調整業務は主として個別労働関係紛争であるのに，法制度上は依然として集団的労働紛争の解決機関とされており，制度の位置づけと現実との間に齟齬が生じている。労働委員会制度について，立法改革が必要である。

2　日本の制度改革の方向

再確認しておくべきは，わが国では，今後とも個別労働関係紛争が増加するとみるのが，自然であるということである。もし，紛争件数が他の諸国なみに増加しないとするならば，それは紛争解決システムに問題があることに起因する。そして，その問題点とは，とりもなおさず上記(a)～(h)で明らかになった諸点である。そこで，これらをもとに，わが国労働紛争解決システムを次のように改善していく必要がある。

まず，個別労働紛争解決システムについて最優先の課題となるのは，各労働紛争解決制度について，連携と関連づけを図るべき点である。行政ADRの紛争調整を義務的前置として労働審判の判定的解決を認めるなどの，実質的関連が必要である。この点，最高裁の司法行政事務に属する労働審判制度と厚生労働省や都道府県の行政事務に属する各種あっせんとを，制度的に関連させることは，行政の縦割りによる障害が想定される。しかし，必要なのは，行政事務の連携ではなく，労働紛争解決システムの連携であり，縦割りの壁を重視すべきではない。[10]

第2に，その際に，紛争解決の心理面・効率面の配慮による修復的解決をめざすことが必要である。紛争は，できるだけ初期段階で，あっせん等により修復させ，その方法がうまくいかない事案に限って審判等の判定的解決を提供するのが望ましい。「審判」という心理的な対立モードを設定した後に，その手

---

10)　例えば，イギリスのETとACASは，上級官庁は異なるが，制度の運営上は実質的連携が図られている。前掲注5)論文参照。

続内部で調停という解決モードに引き入れる現在の労働審判のやり方では，とうてい関係修復的な解決は望めない。

第3に，制度経済も考慮すべきである。同じあっせんという解決を行う機関が，無関連に重複して設置されるているのも問題であり，実質的な連携や統合を積極的に検討すべきである。[11]また，個別紛争について労働委員会の三者構成あっせんという手法も，限られた人的資源の有効利用という観点からは改善の余地がある。

次に，課題は集団的労働紛争解決システムにも広がる。労働委員会は，集団的労働紛争の解決機関ではなく，実際は個別労働関係事件を含む労働紛争全般の解決機関としての実態を持つに至っている。労働委員会のそうした機能を，制度上も正当に認知すべきである。

したがって，第1に，労働委員会制度を，労働組合法に基づく制度としての現状の位置づけから切り離すべきではないか。そうでないと，労働委員会が現に行うあっせん等の個別紛争解決について整合性がとれないからである。同様に，労働関係調整法6条の労働争議の定義では，労働委員会の行う個別労働紛争解決は説明できないことから，労働争議の定義規定を，個別労働関係紛争も含む形で法改正されるべきであろう。

さらに，第2に，労働委員会の個別紛争解決については，最低限の通則法が必要であり，それらとあわせて，集団的紛争，個別的紛争，判定的解決，調整的解決全般に関する規則を定める「労働委員会法」の構想が不可欠と考える。

その他，改革すべき点は次々と想起されるが，[12]ここでは，個別労働紛争の解決システムの問題は，それにとどまることはなく，必然的に集団的労働紛争や労働実体法の改革にも議論が広がらざるを得ないことを指摘しておきたい。

＊　本論文は，財団法人民事紛争処理研究基金の助成による研究成果の一部である。

(のだ　すすむ)

---

11)　地方分権または地域主権推進に関わる動きについては，前掲注2)論文を参照。
12)　野田・前掲注2)論文は，かかる改革課題を展望する論考である。

《シンポジウムの記録》
東アジアにおける労働紛争処理システムの現状と課題

1　はじめに——本シンポジウムの意義等

香川孝三（司会＝大阪女学院大学）　司会を担当する，大阪女学院大学の香川です。午前・午後の司会を務めた山川会員に協力をお願いしています。皆さんからの質問事項等について順番に回答をしてもらいますが，その前に，私の感想を述べます。

今回は，3名の海外からの報告者がいますが，すべて日本語でやってもらいました。日本の大学に留学してかなり長期間滞在していたので，日本語が非常に流暢でした。法律言語を何語で表すかは，法律分野にとって非常に重要な問題です。今回は日本語での報告でしたので，日本人としては非常にありがたい状況でした。

逆に，韓国へ行ってハングル，中国や台湾に行って中国語でできる日本人がいるかと考えると，多分，そういう人は非常に少なく，双方向の交流はまだできない状況にあります。今回の3名は，しかも日本の事情にも通じていて，日本は非常に貴重な人材を持っている気がしました。

今回は，東アジアの韓国，台湾，中国，日本の3カ国・一地域です。「4カ国」と言えないところが苦しいところです。日本の外務省の考え方からいくと，台湾は中国の一地域になり，「4カ国」とは言えず，「3カ国・一地域」という表現をせざるを得ません。しかし，実質的には，台湾は独自性のある制度を持っているので，「4カ国」と言ってもよい状況です。

東アジアの個別紛争処理を巡る法制度，特に，紛争処理のフレームワークをメインとして，運用の実態を比較し，その結果，「日本の制度設計に役立つ問題点が見いだせないか」，「具体的にこういう改革をしたらどうか」という視点で論じられました。

この論じ方を見ていくと，方法論としては，基本的に比較法の領域の問題ですが，メインとして制度論的アプローチをきちんと踏まえて議論をしました。さらに，野田（進）会員からは，それを踏まえたうえで，「機能論的アプローチで3カ国・一地域の紛争処理の似た点，あるいははっきりと違う点を比較しながら，それを日本の中にどう反映させるか」という報告がありました。

このように，日本に役に立つ論点を引き出す視点は，これまで日本人が非常に得意とした分野です。アメリカ，イギリス，ドイツ，フランスなどの先進国の労働法を分析し，日本法に反映させるのとほぼ同じ方法論が用いられています。

しかし，東アジアの国々を対象にこの視点で議論をすることは，これまであまりやられてきませんでした。特に労働法の分野では，ひょっとすると初めての試みと言え

また，この議論が，比較法という学問的な領域だけではなく，実務的な領域でも非常に大きな貢献を果たし得る分野を提供しました。実践的には，韓国，台湾，中国が経済発展し，日本の企業が進出をして，そこで労使紛争を起こす，あるいは労使紛争に巻き込まれる状況があります。そうすると，日本企業にとっても韓国，台湾，中国の法制度をきちんと理解したうえで，どのように紛争処理をするかという実践的課題を引き出すことが可能になります。

さらに，皆様の所属している大学の学部生あるいは大学院生に，韓国，台湾あるいは中国からの留学生を多く抱えている会員もいます。その人たちが論文を書く場合，自分の国のことを書くケースが非常に多いと思います。そうすると，教える側が，その国々あるいは地域の労働法の知識や体験がなければ，なかなか指導ができません。

今回，労使紛争処理に問題限定をしていますが，このシンポジウムは，研究・教育を指導する面で非常にプラスになる実践的効果を提供できます。

具体的な報告では，かなり似た側面と違った側面が制度上併存しています。そして，このシンポジウムの究極の目的は，東アジアとしての特徴が引き出せるかどうかです。

その点からいくと，日本，韓国，台湾は資本主義国，中国は社会主義国で，政治体制の大きな違いが，労使紛争処理システムの中にも大きく反映されています。中国に近い国といえば，アジアの中ではベトナムとラオスです。これらの国は，今も一党独裁の社会主義体制を維持していて，労使紛争処理については中国を見習い，制度を採り入れているので，そちらが非常に類似性のある一つのグループになります。

それに対して，日本，韓国，台湾は，もともと資本主義国としてスタートし，経済発展に非常に努力した国々で，一つのグループになります。

労使紛争処理の一つの視点として，韓国，台湾，中国では，経済発展のために，労使紛争処理の制度構築がされてきました。要するに，「労使紛争は，経済発展にとってマイナスだ」という認識があり，「そのマイナスをなくすために，できる限り早い段階で紛争処理をしなければならない」という政策目標が生まれてきたのに合わせ，労使紛争処理システムを作り上げてきた側面があります。

日本の場合は，経済発展の面はあまり出てきません。昭和30年中ごろ以降から高度経済成長期に入ったので，経済発展のための制度構築で労使紛争処理を考える視点は，極めて弱いものでした。韓国，台湾，中国は，その点が非常に強く表れました。

しかし，それぞれの国が経済発展を果たした中で，貧富の格差が徐々に非常に大きくなりました。これが，男女間の格差，あるいは正規労働者と非正規労働者の格差の問題になって，経済発展だけではなく，社会開発や人間開発という，権利に基づく開発という側面を無視し得なくなり，最近は，差別の問題も紛争処理の中に取り込む動きが生まれてきました。

極めて幅広い大雑把な話しかしていませ

んが，制度上の違い，歴史的な変化があるというのが私の意見です。

2　韓国の労働紛争処理システム

● 集団紛争処理と個別紛争処理との相互関係

香川（司会）　それでは，質問に従い進めていきます。まず，李会員への質問です。藤川会員から，「韓国の労働委員会が個別紛争を数多く引き受けるようになったあとで，集団紛争の処理に変更はありましたか。逆に，集団紛争での処理経験を個別紛争処理に生かし，韓国ならではの特徴に結び付けている点はありますか」という質問です。藤川会員，補足はありますか。

藤川久昭（青山学院大学）　特にありません。

香川（司会）　わかりました。

李鋌（韓国外国語大学）　ご質問ありがとうございます。一つ言えるのは，不当労働行為のような集団紛争を処理してきた経験が，現在の不当解雇などの個別紛争を処理する過程でも，ノウハウやテクニックとして生かされていると思います。例えば，不当労働行為のような集団紛争における審問のやり方を始め，最近は，非正規職に対する差別事件において大量観察方式などを間接的に取り入れています。

また，「韓国ならではの特徴はあるか」とのご質問ですが，現在，特徴と言えることはなかなか見つかりません。1989年の勤労基準法の改正により，不当労働行為の手続きに乗って，不当解雇などの個別紛争を処理していることでしょう。公益委員と労使委員は同じ人なので，その意味では，特徴とまでは言えません。

● 労働委員会における手続等／雇用平等相談室

香川（司会）　いいでしょうか。続いて，神尾会員からの質問です。1番目は，「労働委員会は5つの業務を担当するようですが，そのうち，当事者に主張を立証させる対審で審査を行うものはどれですか」。

2番目は，「労働委員会が対象とする労働紛争の範囲が拡大し，労働紛争の8割を労働委員会で解決しているとのことですが，判定調整等の議論を行うための資料や証拠の収集はどのように行っているのでしょうか。そのための職員の数と専門性についてご教授ください」。

3番目は，「6ページにある，民間団体による雇用平等相談室の仕組みと内容について説明がなかったように思いますが，説明をお願いします」というものです。

李（韓国外国語大学）　ありがとうございます。レジュメの6ページ下の「民間団体『雇用平等相談室』における相談内訳」は，時間の関係で省略しました。これは，特に2000年度以降に，労働現場でのセクハラ問題，女性に対する差別の問題などが深刻にとらえられるようになり，これを解決するために国が多少のサポートをして作った民間団体です。全国15カ所に設置され，運営されています。

2008年度の相談の内訳を見ると，5,000件弱で，雇用上の差別事件が350件，セク

ハラが700件，育児休職が200件，母性保護が500件ほどです。

　強制力を持った機関ではないので，ここでは相談を受けたうえで，例えば，「男女雇用平等委員会に行きなさい」とか，「労働委員会に行きなさい」，あるいは差別の問題なら，「裁判を起こしなさい」といった救済案内をします。また当事者を呼んで，あるいは電話をして自主的な解決を図るかたちで処理するケースが多くあります。

　最初のご質問ですが，韓国の労働委員会は5つの役割をしています。判定業務，調停業務，差別是正業務，必須維持業務，交渉窓口単一化業務のうち，「対審で審査を行うものはどれとどれですか」ということでした。

　まず，交渉窓口単一化業務は，来年からなのでまだスタートしていません。現在は，不当労働行為と不当解雇に対する審判業務と判定業務です。そして，労働争議の調整業務と不当解雇などの個別紛争の判定業務，差別是正業務などを審査しています。

　必須維持業務では，当事者を呼んで事情を聞いたり，特に，資料を提出させて，それを検討したうえで判断を下しています。

　資料や証拠の収集は，韓国では主に調査官が行います。今年の場合，全国に約400人位の調査官が活動しています。不当解雇あるいは不当労働行為の申立てがあると，その人たちが，当事者を呼んだり電話でやり取りをしてきちんと事件を調べます。最近は，労働委員会や裁判所の判例がインターネットや判例集などにたくさんあるので，それももちろん参考にしています。

　調査官の調査能力は優れていて，韓国の解雇事件の約半数以上は，和解で解決されておりますが，その中には，調査官の能力で和解になったケースも多くあります。

　例えば，審問中に和解ムードになると，調査官が，公益委員の委員長に一言言って労働側の人を外に出してもらったり，逆に，使用者側を外に呼んで和解を図るケースも結構あります。

　そして，私は，例えば来週審問があるとすると，少なくとも数日前には調査報告書を予め拝読します。労働委員会のホームページにアクセスして，私のIDと秘密番号を入力すると，その事件の調査報告書をすべて調べられます。報告書や関係資料は，場合によっては何百ページもある膨大な資料です。これをすべて送ってもらうのも持っていくのも大変なので，研究室や自宅などで適当に調査報告書を読んでメモを取り，審問の際に持って行って質問をするシステムになっています。

　神尾真知子（日本大学）　今の話で，日本の労働委員会だと，当事者の主張・立証を促し，当事者が出した証拠や資料だけで判断します。そうすると，対審構造でも，調査官が調べた資料も併せて判断するということですか。

　李（韓国外国語大学）　まず調査官が，調査をした報告書を送ります。それをあらかじめ読んで，そこにないものは，その場で職権審問をして確かめて，審問が終わってから総合的な判断をします。

● 差別事件に対する労働委員会の判定基準

香川（司会） 続いて，水谷会員からの質問が，同じく李会員に来ています。「労働委員会における差別是正。レジュメ4ページの差別判定における判定基準は，どのような要素が考慮されるのでしょうか。特に，『表5』で是正命令が出されている非正規労働者の場合の典型例を説明してください。わが国では，女性労働者の差別事案での裁判例が多数ありますが，非正規差別事案での救済が極めて困難視されているので，参考になればと思います」という質問です。水谷会員から補足されることはありますか？

水谷英夫（弁護士） 特にありません。

香川（司会） それではお願いします。

李（韓国外国語大学） 労働委員会において差別の対象となるのは，非正規職が正規職に比べて賃金などの労働条件において差別を受ける場合です。ですから，使用者が，同じ職場で同じ仕事をしている派遣，期間雇用，パートなどの非正規職労働者に対して賃金，あるいは社会保障における給付を同種の正規職より低く支払った場合は，差別の対象になります。男女雇用平等法に「同一価値労働・同一賃金」という大原則があり，それも判断基準の一つになります。

最高裁の判例によると，「同一価値労働・同一賃金」は，例えば学歴，キャリア，仕事の中身や責任などを総合的に考慮して判断します。同じレベルの仕事を，片方は正規職，もう片方は非正規職として働き，賃金などの労働条件において差がある場合です。

日本でも一昔前に議論があったと思いますが，韓国の国会では，非正規職の賃金が正規職の「8割くらい」は，まあいいのではないかという話もありました。しかし，これはあくまで世間話で，法的にはいけません。「総合的な判断」という抽象的なコンセプトが入りますが，客観的に見て，質・量的にも同じ仕事をしているのに明らかに正規職・非正規職との間に格差が生じていれば，差別の対象になります。

もちろん，合理的な理由があれば差別にはなりません。例えば，非常勤講師と専任講師の場合は，非合理的な差別ではありません。非常勤講師と専任講師では，責任や学生の指導，雑務の「ある・なし」などで完全に差があるので，これはだれでも認められます。

例えば，私の大学のロースクールには，約30人のスタッフがいます。そのうち外国人スタッフが数名と，専任講師と助教授，教授がいます。その場合，いろいろ差別がありうるのが事実です。例えば，外国人スタッフは，教授になるのは非常に厳しく，毎年契約を更新しなければなりません。これも見方によっては「韓国人スタッフに比べ，賃金やプロモーションで差別を受けている」といえるでしょうが，外国人スタッフの場合は出入国管理法によるビザの延長や言葉の問題などいろいろなところでハードルがありますので，これを総合的に考慮して判断すると「これは非合理的な差別」とはいえません。

同じ仕事をしているのに，派遣労働者の

賃金が派遣先の労働者に比べて明らかに低いときは救済命令を出します。これが典型的なケースです。

● 社会保険労務士等の関与のあり方

香川（司会）　栗坂節子会員（岡山大院生，社労士）からの質問です。「韓国では，『社会保険労務士が，個別労使紛争の解決に大きくかかわっている』と聞きました。日本の場合は，『個別労働紛争で社労士が代理をするときは60万円まで。それを超える金額の場合は弁護士と一緒にする』という制約があります。韓国ではそのような制約はありませんか。また，社労士がかかわる場合で解決したとき，法的効力はいかがでしょうか」。

李（韓国外国語大学）　ご質問ありがとうございます。一言で言いますと，そういう制限はありません。例えば，社会保険労務士にあたる公認労務士でも，私の知り合いは，何億という事件を扱っているケースも多いです。

しかし，大手企業になると顧問弁護士がいるので，膨大な金額になると，多分，弁護士が実際に扱うケースが多くなると思いますが，公認労務士に対する金銭的制限はありません。これがあると，平等原則などの法律に引っ掛かると思います。

● FTA・EPAにおける労働条項の影響等

香川（司会）　同じく李会員への愛知学院大学の桑原昌宏会員からの質問です。「国際労働法の分野からの質問」ということで，「経済のグローバル化に伴い，韓国も日本もFTAとEPAを貿易相手国と締結する政策を取っています。このFTAあるいはEPAには労働条項を挿入している例がありますが，韓国の国内法としての紛争調整法令の制定と運用に何らかの影響は考えられますか」。

さらに，「韓国は，米国とFTAを締結しましたが，その中に労働条項があり，締結国は相手国の労働法を尊重する旨が定められています。質問としては，米国から投資されて韓国で活動する多国籍企業で労働紛争が発生した場合，こうしたFTAの労働条項がどのような役割を果たすと考えられますか」という質問です。お願いします。

李（韓国外国語大学）　ご質問ありがとうございます。2年ほど前にアメリカと韓国はFTA協定を結び，去年，牛肉を巡り韓国で大規模な集会が開かれ，大変なことになりました。もちろん，FTAの中に「労働」というパートがありますが，行き詰まってほとんど進んでいません。私もその中身を少し見ただけで，どのぐらい進んでいるかは把握できていません。

しかし，「韓国で行われている経営や営業の労働者に対しては，韓国の法律をなるべく尊重する」ということが，中心の内容になっていると思います。ただ，アメリカ側からすると，韓国ではあまりにも労働組合側のパワーが強く，リストラするのが非常に厳しいです。また，派遣などの非正規職に対する規制が非常に厳しいことに文句を言ったらしいですが，まだ表立ってはいません。

だから，これが紛争処理においてどうい

う影響があるかは，私はほとんど自信がありません。一つには，韓国で起こった紛争は，韓国のローファームや公認労務士，法人のみならず，多国籍ローファームにもオープンにするかたちになっています。それ以外に特にどう影響するかは，私も把握しておらず，情報も持っていません。

桑原昌宏（愛知学院大学） 愛知学院の桑原です。韓国・米国FTAが批准されると，その条文の中には，韓国内の多国籍企業で発生した労使紛争の解決について，韓国政府はそれを特別扱いをしてはならないと解釈できる条文があります。第19条Ⅰ.(a)です。だから，今回の報告と関連して，将来役立つというか，FTAが機能する余地があるのではないかというのが一つです。

もう一つは，アメリカと締結したので，カナダ，アメリカ，メキシコのNAFTAの付属協定にある労働協定のひな型が，影響を与えている可能性があります。私がNAFTAの実績を調べたことから推測すると，貿易と投資に関係する企業での労使紛争が韓国内で発生したものについて，アメリカの労働組合がこの協定に基づいて設立される行政機関に提起をするシステムもあるように読めます。

3 台湾の労働紛争処理システム

● セクシュアル・ハラスメントへの対処

香川（司会） 次に，台湾の王会員への質問です。

最初に，平成国際大学の山﨑会員からの質問です。「性別工作平等法に関連して，台湾のセクシュアル・ハラスメントの紛争処理システムを教えてください」というものです。お願いします。

王能君（台湾大学） ご質問をありがとうございます。セクハラの紛争処理は，性別工作平等法の成立までは，民法の不法行為，つまり，不法行為の責任や使用者責任を根拠にして，裁判所が，主に人格権の損害として非財産的な損害賠償責任を認めました。性別工作平等法の中にも同じような条文を規定し，財産上の損失がある場合は，損害賠償責任を認め，非財産的な損害がある場合は，それなりの損害賠償および名誉回復の処分が認められました。これは，裁判所に紛争処理してもらう場合です。

企業内では，企業に対して苦情を申し立てることができます。性別工作平等法によって，使用者は，セクハラの防止が義務付けられています。そして，30人以上の労働者を使用する場合は，セクハラ防止措置，苦情処理及び懲戒規則などを作成して公開掲示しなければなりません。また，セクハラの発生を知ったときは，使用者は，直ちに有効な是正と補償措置を取らなければなりません。台湾では中小企業が多いので，使用者は，このような規則を作るのにもちろん困っていますが，労働省は，きちんと指針を作り，どのように苦情処理手続を作るかを指導しています。

また，行政処理では，主務官庁に対しても苦情処理を申し立てることができます。主務官庁は，性別工作委員会などを設置することが必要で，もし，主務官庁の処分に異議があれば，10日以内に労働省，つまり，

シンポジウムの記録

国の性別工作平等委員会に再審査を申請できます。もし，再審査結果に不服の場合は，行政処分の取消訴訟などを提起できます。これが大体の処理方法です。

今，詳しい数字がないので実態は紹介できませんが，私の印象としては，1年間に二桁ほどの事件があります。しかし，「これらの事件の行政処理あるいは企業内紛争処理は秘密」という原則があります。また，台湾では，裁判所の判決は司法院のホームページで調べることができますが，プライバシーの侵害がある事件は秘密とされるので，セクハラ事件を研究したくても素材がなく，特別な入手ルートがないと研究できません。

香川（司会）　何かありますか。

山﨑文夫（平成国際大学）　王能君先生，どうもありがとうございました。

● 民間団体の関与等

香川（司会）　続いて，王会員へ青山学院大学の藤川久昭会員から，「民間団体による紛争処理に関して，『労保黄牛』のような問題点は生じていませんか」という質問です。この言葉の意味も含めて回答をお願いします。

王（台湾大学）　日本語での言葉の意味については，本当は藤川会員から回答したほうが適切だと思います。要するに，労働者保険の分野の特殊な知識を持つ人が，労働者に協力し，本来は労働者保険の給付を受けられないはずなのにもらえるようにする，そういういろいろ変なテクニックを持つ専門家の一種です。

ただ，民間団体の紛争処理の委託については，政府は民間団体に補助金を出しています。民間団体は，補助金をもらって一定のお金を斡旋員に出します。政府は，補助金を出しているので，民間団体に対して審査を行っています。審査事項の一つは，斡旋員の資格と実績です。1年あるいは3カ月間ごとに審査する地方自治体もあります。その審査のとき，斡旋の実績と内容までチェックされます。現在では，労保黄牛のような変な問題は，全くないとは言い切れませんが，あまり生じていないと思います。

香川（司会）　よろしいですか。以上が王会員への質問です。

4　中国の労働紛争処理システム

● 仲裁が果たす機能と問題点／工会のあり方等

香川（司会）　続いて，中国の彭会員への質問です。名古屋大学の野田雄二朗氏（弁護士）からの質問で，3点あります。

1番目は，「労働裁判は，仲裁判断を結論として追認することが多いという話でしたが，この点に問題はないか。問題ありとすれば，いかに改善すべきか」。

2番目は，「2008年に仲裁申立手数料が無料化されたことが仲裁件数の増加の一因となっていると考えられるが，労働者の正当な権利保護という観点から，成功と評価できるのか。いたずらな件数増加を招かないのか」。

3番目は，「労働者利益代表者の不在が労働紛争多発の原因として挙げられている

が、現状の工会の在り方にどのような問題があるか。あるいはそれをどのように改善すべきか」という質問です。お願いします。

彭光華（中国人民大学） 質問をありがとうございます。まず、「労働裁判は仲裁を追認するという話は多いですが、問題はないか」。問題はあります。「問題ありとすれば、いかに改善すべきか」。改善策は、司法独立および裁判官の独立です。中国では、しばらく無理です。

2番目の質問は、「仲裁申立手数料の無料化が、仲裁件数の増加の一因となっているか」。なっていません。「労働者保護の観点からすると、成功と評価できるか」。無料化する理由は、仲裁補助の必要からです。要するに、向こうは無料ですから、「政府に駆け込むな」、「仲裁のほうに行け」、「政府に駆け込んでも解決しない」というメッセージです。だから、労働者の正当な権利保護の観点からは考えていなかったので、当事者は、別に「成功」と評価されなくてもよいと思っています。

いたずらな件数増加は、当然招いています。しかし、当時は、「労働者は、ただでも仲裁に行かないだろう」と、いたずらに、わざわざ仲裁に駆け込むことを想定してはいませんでした。代理人も労働仲裁の事件ではなかなか利益を上げられないので、少しぐらい件数が増加しても仲裁を無料にしたほうがいいと考えていました。

3番目の、「労働者利益代表者の不在が紛争多発の原因として挙げられていますが、現在の工会の在り方、及びどのように改善すべきか」という質問は、現在、工会は、それなりに元気に自分の資産や産業を運営しています。特に、地方総工会は、日本共産党と似ていて、自分なりの不動産を莫大に持っているので、ホテルや映画館、病院などを経営し、元気にやっています。

「どのような問題があるか」といえば、まず一つ挙げられるのは、制度・慣行です。1920年代からわが党と制度上で深く結び付いているので、そういう制度・慣行から、10年、20年で脱出はできません。例えば、労働組合の組織原則である民主集中制は、今、中国共産党の組織原則になっています。

例えば、「使用者側は、組合の活動費用として賃金総額の2％を組合側に振り込まなければいけない」というのは、すべて共産党ができてからで、中国が成立する前からの話です。だから、そういう制度的慣行は変えにくいのが、一番の問題です。

「どのように改善すべきか」というと、ここは簡単です。労働組合の独立化と民主化です。それも1、2年ではやれません。

● **多国籍企業と労働紛争処理・ILO宣言等**

香川（司会） 続いて、愛知学院大学の桑原会員から、国際労働法の分野からの質問です。「海外からの投資が増えるグローバル経済時代に入り、労働紛争処理の制度化とその運用に関し、多国籍企業で発生する労働紛争への配慮が、政府・行政機関にありますか。また、ILOの宣言が影響することは考えられますか」。

「参考として、ILOの『多国籍企業及び社会政策に関する原則の三者宣言』の『第

シンポジウムの記録

59項』では，ボランタリーコンシリエーション（voluntary conciliation／任意調停）の設立を求めています。その場合，労使同数の代表が入る調停委員会を想定しています。『中国では，政府主導で解決する仕組みが強い』との報告がありましたが，このILO宣言や水準をどのように考えていますか」という質問です。

　　彭（中国人民大学）　　桑原先生には大変申しわけないのですが，私個人としては，中国企業の海外進出，例えばアフリカとか中央アジア，隣のベトナムや韓国にも入っていますが，その紛争処理，要するに，地元との労使紛争にばかりに関心が集中して，中国に来る多国籍企業に関する紛争処理を詳しく研究していません。

　あえて答えると，法的管轄主義ということもあり，特に多国籍企業に対する配慮はないように思います。中国の一貫した態度です。「特別な配慮はない」と言い切れるかどうかわかりませんが，私の知っている範囲ではありません。

　次の「労使同数の代表が入る委員会を想定していますか」という質問は，多分大丈夫です。労働紛争調停委員会及び仲裁委員会は，通達レベルでは，最初から団体交渉制度も予定しています。そういう場合は，慣行として労使代表同数という発想なので，そうなります。

　最後の「中国政府主導で解決する仕組みが強いと考えられるか」という質問ですが，一番よく言っている建前は，中国共産党は，今，7千万人の党員がいて，中国の人材のほとんどは，そこに集中しています。わが

日本労働法学会の会員よりずっと多いです。党と政府は分けていないし，裁判所や労働組合は，実際は行政機関です。だから，政府主導でやっていくしかないことも背景にあります。

　もう一つは，歴史的に問題があります。中国は，市場経済に入ってわずか十数年しかたっていません。要するに，20年前の中国は，まだ社会主義でした。今も社会主義ですね。中国では，社会主義をやっているとは，本当はあまり思っていません。20年前はまだ社会主義で，1993年辺りから市場経済，つまり，資本主義化を宣言したので，その十数年の歴史の中で蓄積がありません。

　特に，労働関係では，労働者側も使用者側も十数年で成熟することはあり得ません。だから，「政府は唯一の大人」という考えです。「子どもはけんかをしたりするから，大人が世話をしないといけない。歯止めをしないといけない」という発想です。

　　香川（司会）　　以上が彭会員に対する質問でした。

5　日本の労働紛争処理システム

● ADRにおける法的代理人の役割と意義

　　香川（司会）　　続いて，野田会員への質問です。日本大学の神尾会員から，「ADR（裁判外紛争解決手続）における法的代理人の役割と意義についてどう考えますか」という質問です。

　　野田進（九州大学）　　質問をありがとうございます。この代理人の話も，実は，図表として加えたいと思っていましたが，

あまり絵ばかり描くのもおかしいと思いやめたのです。

いずれにしろ，一般論として言うなら，法定代理人が斡旋なり調停の場で当事者の代理行為を行うことをなし得るという点については，何人も否定できません。いてほしいとか，いてほしくないという発想は，まずできません。当然，代理人を立てる権限があることを前提に話をせざるを得ません。

恐らくご質問の趣旨は，「斡旋や調停のときに代理人がいると，丸く収まる事件も収まらないのではないか」ということだと思います。私は，あちらこちらの国のADR機関で聞いてきましたが，どこの国でもそう言っていました。そのとおりです。例えばフランスでも，「弁護士がいると紛争が解決しない。調停は無理だ。必ず判定のほうに行くんだ」と言われたのを記憶していますし，イギリスでも同様でした。「一つの世界標準」と言ってもいいようです。それが第一点です。

しかし，日本の労働審判やイギリスの雇用審判は，「ADR」と言っていいのかわかりませんが，迅速性という審判の運営上，どうしても弁護士が必要という，もう一つの前提があります。

イギリスの雇用審判で聞いた話では，「ET（雇用審判所）」の場合には弁護士は必ずしも付けなくていいですが，「弁護士がいないと，裁判官が職権尋問などをたくさんして，職権や指導あるいは公権的役割をしなければならないので時間もかかる。その代わり，当事者に弁護士が付いている

と，当事者尋問もどんどんやってくれ，紛争が解決しやすい」とも言っていました。

私も経験的に，労働委員会では労働側に弁護士が付いていないと，どうしても後見的，職権主義的発想で審問指揮を行わざるを得ません。そういう意味では「いい・悪い」はともかくとして，弁護士代理人はともかく，「紛争解決のうえでの判定的運営，当事者主義的な運営に非常に役に立つ」と言えます。

神尾（日本大学）　どうもありがとうございました。「三者構成で，政・労・使と公・労・使は違うのはわかっているが，ここでは区別せずに表にした」ということですが，私も，それは非常に違うと意識して分類しないといけないと思います。経済発展と労使紛争を関連付ける視点では，途上国は，政・労・使という三者構成で労働紛争を処理する傾向がどうしても強いと思います。ただ，韓国のように民主化されてくると，三者構成が公・労・使になってくるように思うので，その辺りの区別ははっきりつけたほうがいいと私は思いますが，どうですか。

野田（九州大学）　基本的にはおっしゃるとおりで，私も区別をつけたほうがいいと思いますが，評価しにくいところもあります。議論を広げて恐縮ですが，例えば，「ACAS（調停・仲裁勧告機関）」には全体を統括している委員会（Council）があり，しばしば「公労使三者構成」と紹介されます。しかし，この組織は紛争解決に携わるのではなく，紛争解決をするのは公務員です。また，台湾の調停は，政労使といわれ

ていますが，政府代表は公務員ではなく，大学の教師や法律家など公益代表に近いように思います。

このように「公」と「政」はそれほど明確に峻別できない気もします。政・労・使的な部分にもいいところがあるので，私の理解としては，先生が言われるように，「政・労・使から公・労・使へ発展段階が変わっていく」とは割り切りにくいのです。その辺りも少し迷ったので，まだ踏ん切りがつかないところです。

6 報告全体を通して

● 労働者・使用者委員の役割と能力向上

香川（司会） 続いて，4名全員にかかわる質問がいくつか出ています。

最初に，国際労働財団の熊谷会員からの質問です。これは，できれば，4名それぞれに回答をいただければありがたいです。「労使紛争処理制度における，労働側・使用者側委員の役割と能力の向上について」という質問です。その質問が出てきた背景として，「私ども国際労働財団は，途上国の労働組合を支援しています。最近では，各国の労使紛争処理制度における労働側委員のトレーニングへの協力を求められています」ということです。それぞれ一言お願いします。

王（台湾大学） 台湾では，例えば調停の場合は，労使の委員は，何の資格もない自分の親族や友達で構いません。これは，もし，政府が用意するリストから委員を1人指名する場合は，「その委員は，政府の代表者で私の言い分は何も聞いてくれない」という労働者あるいは使用者の心細さを考えて，自分の味方を一緒に連れていくと心が強くなるという役割があります。改正法の中で，労使が指名する調停委員にどんな資格が必要かは，今議論しているところです。

能力の向上については，改正法には調停人制度が新設されますが，現在の斡旋員が将来調停人になる場合は，調停人認証証明書を取得しなければなりません。また，証明書を取得するために，訓練を受けて，テストに合格しなければなりません。

訓練の時間数は，現在の構想として，30時間以上の講義やゼミを受け，10時間以上の実例演習を受けます。また，既に調停人資格を持つ人は，2年ごとに10時間以上の講習会に参加することが義務付けられます。

これらの講義，ゼミ，実例演習あるいは講習会に関するカリキュラムは，現在，労働省が考案していますが，内部会議では，「30時間の講義ないしゼミは多すぎるのではないか」，「10時間のみの実例演習は足りないのではないか」という疑問があります。

野田（九州大学） 労働者側・使用者側委員の役割は，二つの指標で分けられます。一つは，決定権限まで入っていくのか，公労使あるいは政労使といった場合の政府機構と同じレベルでの決定権限を持つかどうかという区別と，もう一つは，公益的な立場として労使が出てきているのか，それとも「労」と「使」のそれぞれの利益を代表しているのかの区別です。

日本の場合は，いずれにしろ，労使は公

益的立場で出てきています。「労の味方」、「使の味方」ではやっていません。日本では，労働審判の労使と労働委員会の労使がそれぞれいます。若干ニュアンスが違いますが，労働審判にしろ，労働委員会にしろ，やはり公益的立場を期待されて委員になっていると見ることができます。

一方で，労働審判や労働委員会の斡旋の場合には，三者が全く同じ権限を持ってかかわっています。

また，労働委員会の不当労働行為の場合は，いわゆる参与委員というかたちです。参与委員は，調査審問の過程ではずっと審査委員と一緒にいながら，判断のときには全く入らないので，位置付けは非常に難しいです。半ば諮問的という位置付けになっています。そういう違いがあります。

能力の向上という点では，いろいろな面で改善していかなければなりません。労働審判員は，（労）審判官と同じ役割を担っています。労働審判員への指導は，毎年いろいろな研修がされていますが，果たして十分かというと，諸外国と比べるとまだ考えていかなければなりません。

のみならず，例えば，労働委員会の個別紛争の労使の委員は，斡旋を公益委員と全く同じにやっているにもかかわらず，きちんとした研修機会がありません。道府県でばらばらなので，どこで何をやっているかは全くわからない状態です。全く野放し状態になっています。私が，「通則法が欲しい」と言うのはそういうことです。ですから，研修という点では，諸外国に比べると大きな開きがあり，非常に改善の余地があ

ります。

彭（中国人民大学）　中国は労使がいないので，感想だけ述べます。本日のシンポジウムのテーマは，「システム」です。私が思うに，システムにとっては制度も権利も重要ですが，それを駆動する力が一番重要です。労使委員の能力に関しては，まさにその力です。それに関しては，当然，韓国，台湾，日本にかなり期待しています。

中国は，制度の形成途中にあるし，労使委員も育成途中で，今はまだそんなにいません。制度設計上，労働（紛争）仲裁委員会に労使はいますが，全く機能していないし，会社内，特に国有企業では，労使はまだ分けていません。代表取締役と書記は，そのまま職員ですから労働者ではありません。

中国は，市場経済になって十何年たちますが，市場経済にふさわしい，例えば，労働紛争処理システムに必要な人材および能力を身に着けるためには，制度だけではなく，そのような人材の育成が一番肝心です。

だから，私は，熊谷会員にかなり期待しています。そのすべ・技・心得およびノウハウを，ぜひ中国の（全国）総工会に教えてあげてください。

李（韓国外国語大学）　韓国について申し上げます。まず，労働委員会における労働者側委員ですが，韓国には，民主労組（韓国民主労働組合総連盟）と韓国労組（韓国労働組合総連盟）という二つのナショナルセンターがあります。そのナショナルセンターの組合専従者が労働委員会の委員になるケースが多いのです。彼らは労働

問題に関しては大変なベテランで，現場での経験も豊富です。

もちろん使用者側の委員よりも不当労働行為などに普段接しているので，非常に詳しいです。むしろ，使用者側委員に問題が多くあります。地方はわかりませんが，少なくともソウルなどの労働組合側委員には，能力向上のためのトレーニングはしなくても特に問題はありません。

ですから，例えば，カリキュラムがあり，何単位取らなくてはいけない，授業を何時間取らなければいけない，民法，民事訴訟法，労働法を勉強しないといけないといった義務（オブリゲーション）はありません。しかし，新入委員には，自発的な参加のワークショップや合宿といったカリキュラムがあります。

特に，労働委員会の委員の選抜では，私は公益委員ですが，例えば，使用者側や労働組合側が，「この人を公益委員にしてほしい」と推薦すると，労使両側が，「この人は困る」とか，「この人は，公益委員として問題がある」とか，「組合寄り」あるいは「使用者寄り」として，「×」を付けるとその人は公益委員にはならないシステムとなっています。ですから，私は，韓国に戻ってから非常に人が丸くなっています。

その辺りで，「専門的ではない」ということになると当然「×」が付きます。「この人は，労働法をよく知らない」とか，「労使慣行をよく知らない」，「現場経験がない」ということになると，当然，相手が「×」を付けます。ですから，特に，専門能力を高めるための特別なプログラムは，多分要らないと思います。

韓国における労働委員会の審問現場の風景をスケッチしますと，公益委員が前の少し高めのところに座ります。真ん中には議長，右には地位が上か年配の公益委員，左側は若手の公益委員が座ります。そして，右側には労働組合が推薦した労働側委員，左側には使用者側委員が座ります。

審問に入ると，まず労働側の委員が職権質問をして，そして使用者の委員，公益委員の順番となりますが，場合によっては，特に特定組合所属の人は，「○○労組」と書いているユニフォームを着ていたり，腕章を着けたり，最初から，「俺は組合寄り」とか，「労働者寄り」ということがはっきり目に見えるぐらいの服装をしてきます。当然，最初から使用者側を圧迫し，質問も集中してしまいます。

その場合，私は，途中の休憩で，「そんなことしたらだめですよ。あくまで中立義務があって，特定組合から推薦されても，委員になった以上は，中立な立場で公平な質問をしないといけないんですよ」と言っても，どうもそちらへ行ってしまいます。何回もそういった経験がありました。

労働委員会での審問が終わり，外へ出ると，組合が待っているケースもあります。労働者委員は，「結論はどうなったんですか」と厳しく聞かれる場合もあるので，その雰囲気に押されるかたちで，たまに中立義務を忘れてしまうケースがあります。それは，専門的な知識というよりは，出身というか，組合専従者の立場からしょうがないという部分もあります。

これは質問にはありませんが，使用者側も同じです。使用者側も，労使現場での経験の豊富な役員出身者，あるいは韓国にも日経連（現在の経団連）のような組織があるので，そこの出身者を推薦します。当然，「専門性が足りない」，「人間性に問題がある」ということがあると，組合側が「×」を付けます。

これから，私も，約2カ月間審判台に上がりますが，組合側と使用者が「×」を付けると名簿からはずされてしまいます。ですから，特に問題のある人が労使委員になるということは，多分，韓国では少ないです。

香川（司会）　ありがとうございました。熊谷会員に，逆に，私から伺います。国際労働財団としては，労働側委員のトレーニングにどんなプログラムを考えていますか。よければ紹介してください。

熊谷謙一（国際労働財団）　ありがとうございます。私たちの実務的な話で恐縮ですが，モンゴル，インドネシアあるいはバングラデシュなどの労働組合からお話があります。特にモンゴルの場合は，2008年に三者構成の労使紛争処理制度が発足して，私どもが，2009年から年2回，3日間のトレーニングプログラムを提供しています。

まず，「制度に参加はしたけれど，全くトレーニングがない」ということだったので，2009年は，「労使紛争処理制度とは何か」あるいは「日本ではどうしているのか」，「世界的にみるとどうか」という基本のプログラムといたしました。

今年は，「紛争処理のテーマ別でやってほしい」という要望がありましたので，「解雇」，「賃金」と「インフォーマル労働者への差別の問題」を取り上げて，必要な知識や日本の事例などを紹介するプログラムを行います。

インドネシアは，労使が参加する労使紛争処理制度が2006年に本格化しました。ある意味で，ASEANで一番進んだ労働法制の中で，労働組合の役割を求められていますが，トレーニングは手探りの状態で，現地の労働NGOが細々とやっています。それに対して支援ができないかと，これはまだ検討中の段階です。

経済成長が続いて，アジアの組合が，この段階に入ってきていることを感じています。私どもも試行錯誤というか，四苦八苦しておりますので，ぜひ，諸先生の知恵をお願いします。また，この問題は，アジア地域の横断的な問題になりつつあると思いますので，本日ご発表された国以外の状況についてのご検討もぜひよろしくお願いします。

香川（司会）　以上の話で，何かコメントはありますか。それでは，以上で終わります。もし何かあれば，パーティーの席ででもよろしくお願いします。

● 東（南）アジア的特徴(1)——解決規範

香川（司会）　最後の質問です。青山学院大学の藤川会員からの「東南アジアあるいは東アジア的な特徴とは何か」という全体に対する質問で，三つ挙げています。

1番目は，「あくまでも仮説（単なる大風呂敷？）だが，東南アジア諸国では，実

定法・判例法理とは異なる，あるいはそれらの上位に存在する解決規範が，行政・司法双方の紛争処理において存在するのではないか。当方は，『権利・義務』，『差別』というキーワードのみで解決しているのではなく，痛み分け，ゲンカ回避，労使のみならず関係者の納得，体裁等の規範，準則があるのではないかと考えている」という質問です。

2番目は，「労働紛争予防，発生後の処理過程，再発防止にあたり，労働者へのサポートがクローズアップされやすい。しかし，使用者側のサポートも非常に重要である。この点は，東南アジア諸国では，使用者側への弁護士以外のサポート制度の存在が興味深い」。事例として，韓国の公認労務士，日本の社労士，台湾の例を挙げています。「紛争処理システムにおける重要なファクターとして，これらの制度を強調すべきではないか。多様なサポート専門家モデルが描けるのではないだろうか」という質問です。

3番目は，「今回，集団的紛争処理の分析を，東および東南アジア諸国における紛争解決の特徴からはずした。しかし，この点こそ，東アジア及び東南アジアの共通要素を考えるうえで不可欠である。例えば，イギリスのACASでは，集団的紛争への斡旋を，かつて一旦放棄した。一方，東アジアおよび東南アジア諸国は維持している。この点をどう考えるか」という質問です。

質問の意味のわかりにくいところがあります。特に，1番目について，「実定法や判例法理とは少し違う解決規範が，紛争処理規準として生きているのではないか」という質問ですが，具体例があれば説明してください。

藤川（青山学院大学）　香川先生のご指摘は，具体例をあげて説明せよ，とのご趣旨だと思います，そこであえてあげれるならば，韓国だと思います。

例えば，韓国における非正規差別是正手続です。私は，「差別」という名前がつけられているので，欧米流の差別禁止法制・差別法理が導入されたとの印象を持ちました。少なくとも，実定法上の規定は，そのような構造になっているからです。

しかし，同手続での実際の紛争処理は，「差別」にあたるか否かという枠組みによってなされるだけではなく，別の紛争規範によってなされているのではないか，との印象を私は持っています。要するに，私が指摘したところのアジア的な紛争解決規範による処理がなされているのではないか，との仮説を持っています。

もっとも，この仮説については，未だ十分な検証を行っておりませんので，本当は本日披露できるような状態にはありませんでした。李先生とも今後，個人的に議論をしていこうと考えておりますので，時間がなければ，これ以上ここで取り上げていただかなくても大丈夫です。

香川（司会）　「個人的に話をする」と言いますが，せっかくなので，オープンでお願いします。

李（韓国外国語大学）　ご質問ありがとうございます。「差別」はいろいろあって，確かに言ったとおりです。例えば，採用段

階での差別にだけは，雇用平等法という法律がきちんとできていますが，採用後の差別は1条文しかありません。「国籍，人種，性による差別をしてはいけない」という一般条文に従って，いろいろな差別判断を行っています。非正規職労働者に対する差別も，「差別をしてはいけない。差別があると判断されると，労働委員会が救済命令を出す」という条文しかありません。

最初に，「労働組合側は，アメリカ的・ヨーロッパ的な発想で，法律はシツムセイすべきではないか」という話もありました。例えば，「賃金などを含む労働条件における差別の基準をどうするか」という議論になりました。

非正規職に対する差別の基準を正規職賃金の「7割」，「8割」という話もありましたが，使用者側が猛反対をしました。その辺りをきめ細かく定めるのは無理でした。

ある意味では，判例が調整されれば，それなりの判例的な理論や法理が開始されるだろうと任せました。結局，それを定めることは，基準的な問題と使用者らの反対と線引きが厳しいということもあって失敗しました。

ですから，ヨーロッパ的なきちんとした法制は，多分，将来も無理です。しかし，いろいろな判例が出ているので，一種の判例法理ができると，特に法律がなくても，実務上の問題はそんなにないと個人的には判断しています。

野田（九州大学） ちょっといいですか。

香川（司会） はい，どうぞ。

野田（九州大学） 藤川会員の問題の立て方に対して若干疑問があります。「ヨーロッパ的問題処理」と「東アジア的問題処理」という分け方でいいのかどうかがよくわかりません。

例えば，私どもは，不当労働行為について，同じ「労組法（労働組合法）7条1号」を使うとしても，裁判になれば，公序違反で，「解雇無効」と判断されます。一方で，労働委員会は，同じ「7条1号」を使って，労使関係の安定という観点，あるいは将来に向けての労使関係の安定・定着を志向しながら，原職復帰の命令を出したりします。その結果，おのずから判断基準が違うわけです。東アジアか，ヨーロッパかという問題ではなくて，裁判規範として成り立っているのか，それとも，行政ADRとして判断しているかの違いです。

ですから，ヨーロッパと東アジア的な規範の違い，あるいは差別の構造という問題ではなく，差別を行政ADRがやるとどうなるかという問題として立てたほうが，むしろしっかりした議論ができると思います。

今度は，私の方から，李先生にお伺いします。私どもは，不当労働行為に関して，裁判所の不当労働行為の判断と労働委員会の判断は違う，行政救済と司法救済は違って当然だと理解しています。そうすると，韓国では不当解雇を労働委員会が判断するときに違ってこないのだろうかということが，前から疑問でした。

労働委員会が不当解雇の判断をする場合は，行政救済としてのアイデアがあって，「当事者としてはこういうふうに言ってい

るけれど,あなたのためにはこういう救済方法がいいよ」という,今,労働審判と斡旋がやっている柔軟な発想で解雇を処理することになるのか。それとも,裁判所と同じように,先方の言い分に従って,「無効だ・有効だ」と判断をするのか。私は,違いが出てきて当然だと思いますが,その辺りはどうですか。

　李（韓国外国語大学）　簡単に言うと,全く一緒です。労働委員会が,労働裁判所の役割をしています。

　1980年代までは,野田先生のような疑問を投げ掛ける学者が大勢いました。つまり,労働委員会の目的は,労使関係を元の状態に回復させることで,不当解雇そのものを救済するものではない,という点にウエートが置かれました。しかし,現在は,完全に労働裁判所のようなシステムになっています。だから,例えば不当解雇事件の場合,労働委員会における判断は正当事由説に従っており,適用法律も裁判所と全く一緒です。

　韓国では,「正当な事由なく,解雇などをしてはいけない」という条文があって,それに従ってやっています。もし,そういうやり方をしないと,裁判になると引っ繰り返されます。だから,労働委員会における審理は裁判所のそれに極似ているといえます。

　藤川久昭（青山学院大学）　議論が戻って恐縮ですが,野田先生の発言に応答したいと思います。

　まず,野田先生のご指摘は,「ADRの延長として,すなわち,ADRであるがゆえに規律しているものと考えると,アジア的な特徴とは限らない」との趣旨だと理解いたしました。このご指摘そのものは正当だと考えます。

　しかし,私の問題提起は,そのようなご指摘を踏まえてもなお,「アジア的な特徴としての解決規範という特徴が存在するのではないか」というものです。司法以外の紛争処理過程だけでは,野田先生のご反応が予測されたので,「行政・司法双方」と質問票で指摘した次第です。

　次に,ヨーロッパ的なものと,アジア的なものと,二分法的に議論すること自体への懐疑についてです。おそらく,ヨーロッパ的なものというまとめ方自体ですら,困難な作業でしょう。いわんや,アジア的なものというまとめ方はさらに困難です。しかし,当方は,野田先生が指摘された点では還元しきれないものがあるのではないかという問題意識のもと,アジア法学という視点・観点から,アジア的なるもの追求して行きたいと考えます。欧米の労働法制・労働法理の「呪縛」から解放されたいと思うからです。

　香川（司会）　それこそ,パーティーでお願いします。それでは,1番目の論点は以上にして,2番目の論点について,山川会員にお願いします。

● 東（南）アジア的特徴(2)——紛争解決へ向けた使用者側へのサポート

　山川隆一（司会＝慶應義塾大学）　2番目の論点について,藤川会員のご指摘は,「使用者側への弁護士以外のサポート制度,

特に韓国の公認労務士，日本の社会保険労務士等が，東アジア等での紛争解決システムにおける重要なファクターではないか」ということでした。

労働紛争解決へのサポートのさまざまな仕組みの存在は，このシンポジウムの準備を進めていく途中で浮かび上がってきたことで，非常に興味深いところでした。法律相談無料サービスといった訴訟支援による紛争解決支援もその一つです。

使用者側へのサポートというのも面白い視点で，例えば，最近，『生産性新聞』（2009年9月5日号）に「『未組織経営者』の組織化を」というエッセイを書かれた東大社研の仁田道夫先生は，使用者の組織化も重要ではないかと，同じような視点を示されています。しかし，それを東アジア的な特色と言えるかどうかを決定するには，やや時期尚早ではないかと思います。

実は，ここで問題となる紛争解決におけるインターミディアリー（中間者）の役割については，スーザン・スターンというアメリカの労働法学者も指摘していて，水町勇一郎会員が，『集団の再生――アメリカ労働法制の歴史と理論』という本の中で紹介されています。いずれにせよ，紛争解決へのサポートは，さまざまなものがあり得ますし，その中で，中間者の役割まで視野に入れる必要があるというご指摘として非常に重要だと思います。

さらに言えば，紛争解決に加え，紛争予防や法律の実現全体についてのさまざまなかたちでのサポートの仕組みの研究に結び付いていくのではないかと，今回の準備を通じて感じた次第です。先ほどのご指摘からも，法律の実現へのさまざまな観点からのサポートを視野に入れる必要があるのではないかという感想を抱きました。

香川（司会）　何かありますか。

藤川（青山学院大学）　ありがとうございます。山川先生のご指摘通り，私が指摘した2番目の点が，東アジア・東南アジア的特徴であるか否か，十分に検証しなければならないと思います。私としては，労働紛争解決過程におけるインターミディアリーというファクターは，アジア労働法研究にとって，非常に重要な論点と考えていますので，研究をさらにすすめたいと思います。

ところで，香川先生をリーダーとするアジア労働法研究会では，東南アジアにおける非正規雇用というテーマに取り組んでいます。今年の6月，アジア法学会で学会報告をする予定です。その過程で理解できた点は，現在，中国，台湾，インドネシア，タイ等において，いわゆる「労務ゴロ」の問題が生じている点です。このことは日本も昭和20年代等に経験しています。

この背景には，労使紛争解決システムが未熟であること，弁護士が少ないこと等といった要因があります。しかしそれに止まらず，労務ゴロが介入せざるを得ない状況が，東アジア・東南アジアの労働関係の構造の一つなのではないか，単に産業発展に通常随伴する現象ともいいきれないのではないか，という仮説を持っております。こういった点も「東アジア・東南アジア的特徴」なのではないか，と考えているわけで

香川（司会） どうもありがとうございます。2番目について何かありますか。台湾の例が出てきましたが、報告では触れられませんでした。

王（台湾大学） ここでは台湾の具体的な例は書いていませんが、例えば経営顧問会社が、使用者のためにいろいろな講座を開催しています。「新しい労働事項があるから、新しい法律のもとでいかにコストダウンできるか」という講座も開催されます。

政府の現状から考えますと、確かに政府は、使用者へのサポート体制を構築しておりません。台湾では、中小企業が非常に多くて、指摘されたように、確かにサポート体制が必要です。しかし、現段階では、労使の間の力の均衡としては、政府は、労働者へのサポート制度作りが精いっぱいで、使用者へのサポートは、当分の間に多分考えていません。使用者は、自力救済しかありません。

● 東（南）アジア的特徴(3)――集団紛争処理の位置づけ

香川（司会） 時間も迫ってきたので、2番目については以上です。3番目は、「集団紛争が抜けた」ということですが、野田会員から何かありますか。

野田（九州大学） 集団的紛争の分析をはずしたのは、それこそ、集団的紛争の定義の問題があるからです。台湾も中国も、集団的紛争は統計の中に多くありますが、それは紛争当事者が集団であるというだけ

の問題で、わが国の労調法が言うような労働争議を念頭に置いて統計上に出ているわけではありません。

中国においては、そういう意味での労働争議は存在しないことになっていて、統計の中にほとんど出てきません。ですから、今、中国、台湾、韓国、日本を比較するときに、集団的紛争も含めて採り上げる状況には至っていません。

しかし、とりわけ台湾は、不当労働行為の裁決制度ができます。そうすると、それに基づく裁決ができたり、そのような集団的紛争をベースにした法理なり、紛争解決の実態も着々と出てくるはずなので、近い将来、集団的紛争についても比較のベースができると思います。

もちろん、個別紛争だけ取り上げて考えるわけにはいきません。紛争解決のレベルでも、まさしく労働委員会がそれにかかわってくると、集団的紛争とのかかわりを個別紛争との実質的な関連の中で考えないといけません。本来ならば、広げて考えるべき問題です。

香川（司会） 以上が皆さんの質問に対する答えです。

7 日本法への示唆
――野田会員報告の提言に対して

香川（司会） 最後にやりたい論点があります。これは、「質問」というかたちで出てきませんでしたが、野田会員が、「日本法への示唆」というかたちで、最後にいろいろな提言をしています。皆さんは、

むしろそちらに一番関心があるのではないかと想像します。

　この論点については，時間もないので深くはできませんが，その意見について，質問ではなくコメントをしたいとか，発言をしたいという人はありますか。私には，ちょっとショッキングな内容も含んでいると判断しています。

　本日の出席者の中には斡旋委員をしている人もいると思いますが，自分の経験からしていかがでしょうか。野田さん，何か言いたそうですが。

　野田（九州大学）　いえいえ。

　香川（司会）　はい，ありがとうございます。

● 労働紛争処理の日本的特徴

　香川（司会）　野田会員の日本法の制度改革への示唆がいくつか入っているので，それに対するコメントがあればお願いします。

● 労働紛争処理システムへのアクセス等

　米津孝司（中央大学）　中央大学の米津です。

　市民による法へのアクセスを拓くという点で野田先生のご提案におおいに共感をおぼえるというスタンスからお尋ねいたします。野田先生はご報告の中で日本の公的な労働紛争処理システムへのアクセスの極度の少なさという本質的な問題について指摘をされました。その際，「説明可能な特段の事情がないとすれば，今後は増えていくはずだ」と述べられました。私は，むしろ，我々が現段階で得ている学的知見をもっては十分説明ができない「特段の事情」があるのではないか，制度改革という政策的対応と同時に，労働法学としては，右事情の解明という課題を正面に据える必要があるのではないかと考えますがいかがでしょうか。

　野田（九州大学）　私が申し上げたいのは，「相対的に少ない」と言うにはあまりにも日本の労働紛争が少ないのは，これまでの経緯などを考慮したうえで考えると，ほかにきちんとした理由がない限り，恐らく，日本の労働紛争解決システムが，システムとして十分でないからではないか。そして，私は，日本人に特別に深遠な訴訟嫌いの本質があるのではなく，ひとたび条件が整えば，紛争は諸外国と同様に飛躍的に伸びるのではないかと考えるのです。例えば紛争解決援助制度もそうだし，紛争解決へのアクセシビリティーの問題もそうです。日本は，イギリスの雇用審判所に習って労働審判所を作ったのですが，審判費用が無料という点はイギリスに習っていないのです。やはり，「システムとして十分ではないので，紛争が伸びないのだろう。伸びないとするならば，システムに問題があるはずだ」と言いたいのです。

　つまり，説明可能なところはこの点しかないだろう。今の紛争の少なさは，やはり，ヨーロッパで経験したような，あるいはアジアでそれぞれの国がやっているようなファクターを踏まえていない。「その点に，システム不全がある」，「ばたばたと作ったけれど，やはりおかしい」ということを申

シンポジウムの記録

し上げました。よろしいでしょうか。

● 労働紛争解決における司法・行政機関の問題点等

香川（司会） 時間がないので，発言したい人があればお一人だけ，お願いします。

豊川義明（弁護士） よろしいでしょうか。

香川（司会） 所属と名前をお願いします。

豊川（弁護士） 弁護士で，関西学院大学に所属しています。野田先生の「図表2」を見ました。今のところにも関連しますが，韓国，台湾，中国と比較しても，日本の個別紛争は大変数が少ないと改めて思いました。

労働審判の関係については，2009年度は，実は約3,226件になり，どうやら，近いうちに，日本の労働裁判は，トータルして，ほぼ1万件にいく状況になりつつあります。

労働審判制度ができて，労使の利益代表ではなく，公正な立場で，専門性を得た人を審判員に参加させることができたことが大きいです。しかも，74日間というのが，終局までの平均の審理期間です。その意味での早さの問題があります。

特に，労働裁判は1年を越えており，複雑な事件はさらに長い時間がかかります。私が弁護団として入っていた東亜ペイント事件は，18年もかかりました。言うなれば，強い超人でなければ日本の労働裁判の当事者にはなれないという現状を，その意味で改革したと思っています。

東アジア全体を見ても，審判者，判定者が，まだ十分に専門性を得ていません。一方，労働委員会制度では，各地の労働委員会には一部ですが労働法の先生たちが参加しています。日本の労働裁判としては，専門性が不足しています。

また，行政との連携の問題は非常に大事です。個別紛争の解決促進の関係と労働裁判・労働審判について，最高裁と協議もしていますが，制度的になかなか連携されていないという問題があります。

連携の関係で思ったのは，実は，労働審判は，「調停が不成立だったら判定を下す」ということで，調停と判定は連携しています。そのことによって調停がうまく進んでいきます。これは，ドイツにおける労働裁判の和解の高さという問題も実は同じものではないかと，私自身は思っています。

サポート（法律扶助）の問題については，韓国のリーガルエイドと日本のリーガルエイドを比較しても，日本がかなり少ない状況です。このシステムが，今は償還制で，日本はリーガルエイドをやっているわけですが，そういうものが無償制に変わってくれば，もっと変わります。だから，その意味では，サポート制度がもっと必要です。

次に，利益代表が必要なのかという，立場にかかわる問題があります。実は，労働委員会制度においても，認識の中では公正な立場となっているかもしれませんが，労使の参与の人たちは，実は，利益代表で参加しています。その意味では，利益代表者が判定のところに参加することは，本当にいいのだろうかという点については，早く

から私は疑問を持っていました。その辺りも，これから議論したらどうかと思います。

　三人の先生方，野田先生，今日はありがとうございました。率直なご意見をきかせていただきました。

香川（司会）　何かありますか。

野田（九州大学）　一点だけ。

香川（司会）　はい。

野田（九州大学）　どうもありがとうございました。一点だけ，労働審判における調停の評価で，「この調停が成らなければ審判を出す」というやり方が約70％の高い解決率を生んでいるというのは，言うとおりです。しかし，私は，いずれ審判を出す人が調停を行うというシステムが，果たして「調停」の名に値するかという気がします。

　というのは，例えばフランスでは，労働審判に入ると，同じようにまず調停に回します。調停をやらせたうえで判定部に来るわけですが，調停から判定に至るまで，調停の場で何を言ったかなど一切の情報を与えません。ですから，調停の場で何を言っても判定には影響を与えないという自信のもとに当事者も参加して，可能ならば和解に進むという考え方が成り立っています。

　同じようにイギリスも，これまでのやり方では，雇用審判所に来たものをACASに回すわけですが，二つの制度は全く分離されていて，ACASでどういう話し合いが行われて，どういうことを主張したかは，一切，ETには持っていきません。「分離すること自体が，一つの重要なプリンシプルだ」と言われるわけです。

どちらも機能するためには，そうでなければなりません。判定者は調停の担当者から一切情報を聞きません。「調停は，うまくいきませんでした」と書かれた紙が1枚送られてくるだけのシステムになっています。

　私は，本来はそうあるべきだと思います。調停をやっている場では和解をするわけですから，和解のために当事者同士が会って，自分の心を打ち明けて，言いたいことを言うことが前提です。

　判定を意識していたら，そんなことはできません。判定は「勝ち・負け」なので，言いたいことでも言えないことがある。ですから調停と判定は分離しなければいけないのに，労働審判の調停では一切考慮されていません。まず，一遍，争いの場に持ち込んでおいて，引き続き調停案を受け入れるかについて「イエス・オア・ノー」と言わせます。「嫌でも，同じ内容の審判に行くよ」と，そういう無言の圧力を与えてしまっています。

　果たして，それが，本当の意味の調停と言えるだろうか。本当の意味で話し合って，和解という方向での調停として成り立つのだろうかということが疑問です。

　ですから，ひどい言い方かもしれませんが，労働審判における調停というのは，到底，ウィンウィンとは言えません。打ちひしがれて，しょうがないから調停をするという位置付けです。

　それが70％の解決率の意味ではないか。たしかに，それまではそういうものはなかったわけですから，ないよりはましですが，

こういう仕組みを維持していると，いつかは頭打ちにもなるし，やはりシステム不全が起こってくるのではないかという危惧感を持っています。

● 裁判上の和解と調停／労働紛争を生み出す社会的基盤等

　香川（司会）　5時半が最終デッドラインなので，言いっ放しのかたちで一言だけどうぞ。

　菊池高志（西南学院大学）　もう時間がないので，答えを期待してはいません。疑問がいくつかあるので考えてください。

　一つは，今，野田さんから最後の発言がありましたが，調整と裁判の手続的切断については言われる通りだと思います。しかし，それでは，裁判上の和解の場合はどう考えるのか。また，アドヴァーサリー・システムの貫徹という裁判手続の視角とは異なり，紛争処理解決という視角から見る場合はどうなのか。

　もう一つ，紛争に対する審判裁定的なものについて，プロフェッショナルな司法官ではない者がかかわるにしても，それがどれだけ当事者性を持っているか。ある国では当事者に近しい者が入っている場合と，他の国の場合のプロフェッショナル行政官の身分にある人たちの裁定との違いなり，それぞれの持っている持ち味なりについて，もう少し比較的な発言を期待していたので，それを考えてください。

　また，紛争処理のアジア的特質とか何とかというよりも，現実社会の労使の関係はどのようなものか。中小・零細の経営者とそのもとで働いている人たちの紛争が主要な部分を占めている場合と，かなり組織的な企業体が多くの人を雇用している社会での個別紛争は，おのずから違いがあるのではないでしょうか。

　労務ゴロの話が出ましたが，日本でも，戦前からその問題がありました。それは，経営者も一人一人の個人で労務管理にも紛争処理についてもあまりたけていない社会では，どうしても，いわばコンサルティング屋か解決屋が跋扈することになる。これは金融のほうで「なにわ金融道」になるのと同じことです。

　ですから，それを「アジア的」，「西欧的」と言うよりも，産業発展なり社会発展の状況との関連で考える必要があるのではないかと考えました。以上です。

　香川（司会）　発言したい人はまだいると思いますが，時間が過ぎたので，終わりにさせていただきます。

　最後に，私は，アジアを40年間やってきたので，アジアがテーマになり大変ありがたいことです。ある編集者によると，アジアものの雑誌を発行すると，最近はよく売れるようになったそうです。次号の労働法の学会誌もたくさん売れることを最後に期待して，終了させていただきます。長い間ありがとうございました。

（終了）

日本労働法学会創立60周年記念エッセイ

学会の隆盛，しかし学界は？	西谷　　敏
「責任ある自治」の法としての労働法	渡辺　　章
労働法学60周年によせて――「ポスト戦後労働法学」の30年――	毛塚　勝利
最大化するジェンダー・ギャップ――労働法は何ができるのか――	浅倉むつ子
問題関心を維持する工夫	道幸　哲也
グローバル経済危機は労働法に何を提起したのか	石田　　眞

学会の隆盛，しかし学界は？

西 谷　　敏
（大阪市立大学名誉教授）

　1　日本労働法学会が創立60周年を迎えた。この間，会員は大幅に増え，年2回の大会は盛況である。いずれの大会でも重要なテーマが設定され，活発な議論が展開されている。まことに喜ばしいことといわなければならない。

　このように書きながら，ふと考えてしまう。肝腎の労働法学は発展しているのだろうかと。学会の主たる目的は労働法学の発展にあるのだから，仮に労働法学（界）が停滞しているとすれば，学会の発展を手放しで喜ぶことはできない。もちろん，何をもって発展といい，何をもって停滞というかについて，さまざまな意見がありうる。しかし，労働法学界の現状を憂うのは私だけではないはずである。

　ひとつには，法科大学院制度の導入とも関係して，新たな労働法研究者が育ちにくくなっていることがある。これはすべての法学分野に共通する大問題である。しかし，それを別としても，現在の労働法学界がすでに全体として沈滞気味といえないであろうか。

　そうした感想をもつのは，何よりも，問題提起を含んだ研究論文が少ないように思われるからである。教科書，判例評釈，外国法の紹介などはたくさん目にするが，とくに若い世代による意欲的な論文の少なさが気にかかる。いつの世でも，時代を切りひらく新たな研究を担ってきたのは若い世代であった。その若い研究者が元気がないとすれば，労働法学は将来どうなるのであろうか（ここでは「若い」という言葉の定義には立ち入らない）。

　2　学問の発展については，一定の理論枠組み（パラダイム）を前提としたうえでの，その精緻化が課題になる時期と，理論枠組みそのものの見直しが求められる時期とがある。労働法学は，現在どのような課題に直面しているのだ

ろうか。

　労働をめぐる環境が大きく変わりつつあるなかで，法律や判例がそれに十分対応できず，あちこちで労働法の機能不全が顕在化しているというのが私の見方である。正規・非正規の格差は甚だしい。非正規労働者は突然解雇されて路頭に迷い，正社員は，新卒を含めて退職を強要される。競争激化・過重労働のために，精神を病む人が増え，過労死・過労自殺する人が後を絶たない。職場ではセクハラ・パワハラが頻発し，プライバシーも守られない。労働条件は，労働者の「合意」によって次々と引き下げられ，労働者の利益を擁護すべき労働組合も，一部の地域ユニオンを除いて，影がうすい。相当数の労働者が，請負・委任の契約形式のゆえに，労働法の保護の外に置かれている……。

　時代が150年も戻ってしまったともいわれるが，現象も原因も違っており，それほど単純なことではない。明らかなことは，現在の労働法がこのような現実に十分対応できていないことである。求められるのは，新たな立法と判例法理によって，労働法があるべき機能を回復することであるが，その基本方向を示すのは労働法学の任務である。

　少なくとも，現行法規と判例法理を前提として，それを整合的に説明しようとする労働法理論だけでは，時代の要請に応じられないことは明らかである。私は，細かな解釈論が不要だと言っているわけではない。実務はいつも個別具体的であり，生起する事件の解決のためには個別事案に即した精緻な議論が必要なのはいうまでもない。私が言いたいのは，それだけでは決して十分ではなく，そうした作業とは別個に，労働法の枠組みそのものを根本的に再検討する意欲的な理論研究が必要であり，それをとりわけ若い世代に期待したいということである。ここでいう理論研究には，当然，法解釈学だけではなく，比較法，法社会学，歴史研究などの基礎法学的研究も含まれる。

　3　若い人の意欲的な研究が少ないという現状認識が正しいとすれば，その原因はどこにあるのだろうか。

　まず大学教員が忙しすぎるという問題がある。講義だけとっても，一人あたりの負担コマ数が増えているうえ，授業のために詳しいレジュメ・資料の準備を要求され，法科大学院では予備校教師の役割を勤めなければならない。真面

目に勉強しないわりに文句の多い学生による「授業評価」は，それなりに大きなプレッシャーになる。のみならず，各種の大学行政から学生集めの営業活動まで教員の義務とされる。

　こうして，研究以外の業務が増え，研究時間が短くなることは，研究の量だけでなく質にも影響を及ぼすであろう。物事を突き詰めて考えたうえで理論を創造するには時間がかかるからである。時間の少ないところで「成果」だけ求められると，論文はどうしても，判例・学説を整理して感想のような「私見」を加えたものや，外国法の平板な紹介に「日本法への示唆」をとって付けたものになりがちである。

　4　創造的な研究が難しくなっているもう一つの要因として，情報過多の問題があると思われる。戦後60余年の間に山のような判例や論文が集積され，さらに相次ぐ法令の改正などによって，把握しておくべき（と信じられている）情報が日に日に増加している。そのうえ，情報技術の発展によって，外国法を含む情報の入手が容易になり，新たな情報を知らないと恥，という風潮が強まっている。

　ここで思いだすのが，『論語』に出てくる有名な言葉，「学びて思わざれば則ち罔（くら）し。思いて学ばざれば則ち殆（あや）うし」である。研究者が「学ばない」のも「思わない」のも困りものであるが，情報化時代には，「学ぶ」べき情報が多すぎて，「思う」ことがおろそかにされがちである。しかし，孔子がいうように，「学ぶ」だけではほんとうの物事は見えてこないし，学問は発展しない。情報の意味を十分に咀嚼して，新たな理論の方向を「思う」ことが不可欠なのである。

　限られた時間のなかで，「学び」かつ「思う」にはどうすればよいか。実は私にもよくわからない。ただ，世の中にあふれている情報のなかで，ほんとうに必要な情報は案外限られているのではないか，若い研究者はいたずらに情報に振り回されるのではなく，むしろ古い文献を丹念に読むべきではないかと思っている。われわれが新しい課題に直面しているからこそ，古い文献に戻ることが必要というわけである。そういえば，「温故知新」という言葉も『論語』に出てくる。

日本労働法学会創立60周年記念エッセイ（①）

　古い文献とは，まず古典と呼ばれるものである。一般に古典とは，文学，哲学，音楽，絵画など分野のいかんを問わず，作者がそれぞれの時代の現実的課題と格闘するなかで，人間や事物の本質に迫ることに成功した作品であるといえよう。だから，古典はそれ自体として価値をもっているし，それに接する者の問題意識や創造的意欲をかきたてるところがある。法学や関連分野の古典も同じことである（日本の労働法分野の古典といえば，戦前に限っていえばさしあたり末弘厳太郎『労働法研究』〔改造社，1926年〕が思い浮かぶ）。

　しかし，私がいう「古い文献」はいわゆる古典に限定されない。現在通説とか有力説とかいわれる学説も，それまでに出された幾多の理論との格闘のなかで形成されてきたものである。若い研究者が，通説・有力説の枠にとらわれずに今後の労働法のあり方を「思う」という姿勢をもつならば，これらの理論の形成過程で参照されたはずの重要な文献に自ら接し，自らの読み方をすべきだと思う。

　そうした文献を読むことは，収集すべき情報を増やすだけのように思われるかもしれないが，そうではない。何らかの問題意識をもって，古典やその他の重要な文献を——歴史的文脈に留意しつつ——真剣に「学ぶ」ことは，それによって問題意識が触発され，「思う」ことに通じるのである。そして，「思う」という精神活動を重ねることが，必要な情報を見分ける力をつけることにもつながる。こうして，「学ぶ」と「思う」とは，どちらも必要というよりも，「学ぶ」ことが「思う」ことに通じ，「思う」ことが「学ぶ」ことに通じるという，弁証法的な関係にあるといえる。もちろん，それがさほど簡単にいかないからこそ，孔子の言葉が今まで生き続けているのであろうが。

　5　私ども高年齢者が若い研究者のためにやれることは，何よりも，若い人たちの創造的な研究活動を邪魔しないことである。たとえば，教科書の分担執筆のような仕事はできるだけ押しつけないこと，知らず知らずのうちではあっても，若い人たちの自由な発想に枠をはめるような言動をしないこと，などである。これは自戒の言葉でもある。

　とかく年寄りは，「今どきの若い者は……」という発想に陥りやすい。多くの場合，老化によって硬直的になった思考が時代の変化についていけないのが

原因である。私が本稿で述べたことも,それに類した繰り言かもしれない。ほんとうは,私が思うのと違った形で労働法学が隆々と発展しつつあるのかもしれない。そうであってくれればと心から念願している今日この頃である。

（にしたに　さとし）

「責任ある自治」の法としての労働法

渡 辺 　 章

（専修大学）

　1　はじめにこの段において，菅直人内閣総理大臣，仙谷由人内閣官房長官，千葉景子法務大臣，長妻昭厚生労働大臣（本稿執筆時）に，三つの法律の規定を例に謹んで申し上げる。その1は育児介護休業法（略称，以下法律名につき同じ）9条の2，その2は労働者派遣事業法44条および45条，その3は労働保険料徴収法12条3項である。いずれも，雇用社会の多様な制度の一遇にあって，法の大意（目標）ないし制度の基礎を支える政策原理を規定し，それぞれの法律の「隅の首石」ともいうべき重要な役割を担う（上記規定の概意は紙幅の関係で極めて簡単に注記してあるのでご参照をお願いする[1]）。

　私は，労働法学研究者の末席にいて40年以上の月日を過ごしてきましたが，上に示した三つの規定を最初から最後まで読みとおすことができません。みなさまには，読みとおせましょうか。その上で，国家が国民（労使）にどのような意味あるメッセージを発しているかをこれら規定自体から理解できましょうか。法律に専門性と技術性を避けることはできず，できるかぎり繰り返しをしない苦心について起案者なりの言い分も可能でしょう。しかし，そのために規定文言中で原則規定の読み替えをかっこ書を多用して行い，それがときに二重，三重になり，本文の入口はともかく出口を見分け，全体の趣旨を理解しようと努めても，まず「読めない法律」の例が上記その1，その2の規定です。最後の例は，

---

[1] 「育児介護休業法」9条の2は，父母の労働者がともに育児休業を取得する場合の育児休業期間を延長し，原則1歳までを1歳2ヵ月までとする規定である。2009（平成21年）改正法により新設された。「労働者派遣事業法」44条・45条は，労働基準法および労働安全衛生法の責任主体に関し，雇用主の派遣元のみでなく，一部の規定を派遣先の就業関係にも適用することを定める規定である。「労働保険料徴収法」12条3項は，業務災害発生率を低くすれば，保険料率を引き下げる「メリット制」を定める規定である。

本文1,214文字ばかりのなかに主語,間接目的・直接目的および述語の間に読点もないままあまりにたくさんの複雑な要素を盛り込んでいるため,単なる文字記号の羅列に等しい「文章」になっている規定の例です。法律は言語で表現された人間の言説であり,言語は思考の記号として立法者が表現しようとした思考を認識できるものでなければなりません。果たしてこうした規定様式を法律の正常な姿と言えましょうか。おそらく,これら法律の施行を担当する役所の方々が読んでも理解は困難でしょう。同様の例はもとより労働法の分野にかぎるものでなく,他の諸領域からもこの小稿と同様の指摘がなされてきました。[2]

　法律は,国会で成立し,公布され,施行されることになりますが,そのままのかたちで直ちに経済社会の現実になるとは考えられません。したがって,法律は国家の現実ですが,経済社会の側から見ればひとまず仮想現実であり,立法者の思考を考え抜く実務家たちの働きによってはじめて経済社会の現実に架橋されるのです。法曹実務家はさておいて,雇用社会においては,事業の経営担当者および労働関係に関して直接の権限を持つ監督的地位にある者らの主導によって,立法者たちの表現しようとした思考は事業経営体の「私的な行政規範」,「私的な司法規範」に書き換えられ(要するに,「組織における法生産」がなされ),そして「就業規則」に織り込まれ,労働者に周知され,適用されるのです。また,労働者団体は,同様にして法律の仮想現実を労働者の労働契約の現実に架橋すべく使用者との団体交渉に努め,「労働協約」という果実をえて労働者の地位の向上に貢献するのです。法律の仮想現実は,雇用社会の実務家(労使の代表者)らが,相互に,誠実に交渉をすることにより現実になりうるもの,その途を開くことができるものと考えなければなりません。このように,法律が現実に生きて働くことの第一歩は,立法者が言語記号で表現しようとした思考(国民に送るメッセージ)が国民にわかりやすく十分に認識されることです。政府の格段の工夫と努力による「法律の改革」を要望致します。

　2　私は,これまで永い間,労働者はまず法律によって労働条件の基準(したがって,人たるに値する生活の必要)を護られ,その欠点や弱さを免れない法的

---

[2] 松尾浩也＝塩野宏編『立法の平易化』(信山社出版,1997年)。筆者は,本文に挙げた労働保険料徴収法12条3項に関し,平易化の工夫を述べたことがある(163〜173頁)。

日本労働法学会創立60周年記念エッセイ（②）

保護の限界を補うものとして労働者団体（実質的意味の労働組合）が存在し，労働組合法が（その組織・運営および正当な団体的諸活動を守る法制度が）あると考えてきたように思う。しかし，それは未熟な思考であった。労働者は，法律以前に労働者団体によって護られ，その欠点や弱さを補うものとして法律が存在すると考えなければ，現代社会（ポストモダン）の労働法の将来像を描くことはできないことにようやく気づいた。それは，急激に変化する雇用社会の法制度の目的ないし具体的政策理念の多様化，そして法律の内容の正しさの程度の軽量化（一時性）ということと関係している。

　広義の労働基準法（最低賃金法，労働安全衛生法，賃金支払い確保法等を含む）の目的は，全体として，労働者の「生活……の必要を充たす」ことにある（労基法1条1項）。その中核に位置する労働基準法が冒頭に「労働条件の原則」として掲げたその原則は戦後労働法の指導理念として直裁であり，わかりやすく新鮮であり，魅力的であった。しかし，その後，生活の必要の充足とは相対的に別個に，女性に対する雇用差別の禁止（排除），職業と家庭との両立およびその支援，短時間労働者の処遇（雇用管理）の改善，高年齢者の雇用の安定と継続，労働者派遣の適正な運営と就業条件の整備といった政策課題が浮上し，それぞれについて法律が制定されるに至った。背景に，労働市場の女性化，高齢少子社会化，合計特殊出生率の顕著な低下，女性のM字型就業構造の停滞，企業の人材・人事管理手法における非正規労働者化，成果主義化，非労働者化といった急激な経済社会の変化があることは指摘するまでもない。

　このような状況の下で，労働法の将来につながる問題はつぎのように提起されているように思われる。今後も，雇用社会を規律する法制度には新規の目的や政策理念が登場し，法律がつくられるであろう。そして，その法律の設ける具体的制度なり原則は，重要なものであればあるほど，その正しさの程度は時間的にも，内容的にも一時的なものになり，以前の内容と構造的連動性を保ちながらも，別の原理・理念に変わって（換えられて）いくであろう。これまでにも，女性差別の禁止は性差別禁止へと舵が切られた。育児休業法にはやがて介護休業が追加され，つぎには男性の仕事志向性を家庭に向ける慎ましい刺激を制度化した。短時間労働者に対し労働基準法等を遵守させるというあたりま

えの雇用管理の改善概念は均衡処遇の原理の実現という新方向に向けて第一歩を踏み出し，少なくとも「職務内容同一短時間労働者」の一部については「社会的身分」差別排除の原理が導入されたとみてよいと思う。派遣労働者の派遣就業は，職業としての暫定的性質を踏み越えてはならないという考えが制度化の方向に向けて微動しつつあるようにも感じられる。それゆえ，今ある法律の正しさの程度は相対的なものであり，その内容の目標は未確定である。

3　しかし男女雇用機会均等法，育児介護休業法，短時間労働者法ともに，そこに定められる労働者の権利・事業主の義務の内容は変化し，変動しつつも，変化・変動しないひとつの確たる共通の性質を帯びている。それは，労働者が声をあげなければ，法律は沈黙し，使用者の義務も紙に書かれた義務に過ぎないという権利の個人主義的性格である（労働者派遣事業法は以上の傾向と区別されるが，この法律の生い立ちからしてやむを得ない。高年齢者雇用安定法の法的性格には，なお理論的詰めが残されている）。法律は，それぞれの目的・政策理念の実現のために労働者の権利に連動する制度のメニューを用意し，その活用の有無，程度の決定は労働者個人の自由な選択に委ね，選択が行われた場合に，使用者はそれを妨げてはならないという法的構造にある。しかし，個人の自由は自分がしたいことができるにすぎないが，組織（企業）の自由は権力を内包すると先見者が述べているように，労働者はその自由をしたいことをしない静寂主義に譲るおそれがある。

したがって，このような法律群は，個人主義的自治とともに集団の「責任ある自治」の場（交渉協議の場）にも移す必要がある。それによって，一時的であれ，相対的であれ，法律の仮想現実ははじめて雇用社会の現実に架橋される可能性をもつであろう。私は，従業員代表法制を構想することが現下の日本の雇用社会の法律にとって喫緊の課題だと信じて疑わない。[3]

（わたなべ　あきら）

3）「責任ある自治」の観念，ポストモダンの法システムの特徴等に関し，ミッタイス『自然法論』（林毅訳）（創文社，1971年），H・コーイング『近代法への歩み』（久保正幡＝村上淳一訳）（東京大学出版会，1969年），村上淳一『〈法〉の歴史』（東京大学出版会，1997年），同『現代法の透視図』（東京大学出版会，1996年）を参照した。従業員代表法制に関しては，さしあたって水町勇一郎＝連合総研編『労働法改革』（日本経済新聞出版社，2010年）の諸論文が有益である。

労働法学60周年によせて
——「ポスト戦後労働法学」の30年——

毛 塚 勝 利
(中央大学)

　私たちの世代は，いわゆる大学紛争とベトナム戦争と日米安保条約をめぐる賑やかな政治の季節に大学・大学院時代を過ごしている。これは，日本の「全共闘運動」だけでなく，フランスの5月革命をはじめ，ドイツやイタリアの学生運動等，68年から69年にかけて全世界的に見られた現象であった。既成の政治や大学制度へのラディカルな異議申立ては，それなりに時代に大きなインパクトを与えた。しかし，連合赤軍の浅間山荘事件（1972年2月）に象徴されるように，政治の季節は不毛なかたちで終りを告げ，時代は「問題は今日の雨，傘がない」と井上陽水が切り取った風景にかわる。私が労働法学会に入会したのは，こんな時代の空気が支配し始めた1972年10月の大会となっている。翌73年には高度経済成長時代の終焉をつげるオイルショックが起きる（この時，奇しくも吾妻光俊，石井照久両会員が逝去されている）。75年には「スト権スト」が組合の敗北で終わり「戦闘的労働運動」も終息する。
　労働法学会のテーマも，70年代に入ると，「協約自治の限界」(38号，1971年)，「労働基本権と市民的自由」(47号，1974年)と，集団と個人の権利の衝突が問題関心を呼び，労働基本権の市民的基礎づけが時代の潮流となる。それでもまだ，官公労働者のストライキ権問題をはじめ団体法の時代であった。しかし，上記のテーマ自体が示すように，70年代は戦後労働法学の見直しが始まるとともに，マルクシズムの影響のもとにあったプロレーバー労働法学（これが戦後労働法学の主たる潮流であったことから，ここでは「戦後労働法学」としている）に批判が顕在化した時代でもあった。「戦後労働法学」の担い手の次の世代，学生時代に「60年安保闘争」を経験した世代が，つまり，私たちのひとつ上の世代

が，正面から解釈論のレベルで戦後労働法学への批判を始める。山口・下井・保原会員らによる『労働法再入門』（1977年）は，「団結権と結社権に違いはあるか」，「御用組合は存在するか」，「争議権と組合活動権は同じか」と，きわめて論争的に原理的批判を展開した。この世代の投げかけた疑問は，少なからず個人的には抱いていたものもあるが，その辛辣な批判には毒気をぬかれたものである。そして，70年代末には，「戦後労働法学」を領導した沼田法学が「人間の尊厳」を掲げ，唯物史観の旗を降ろす。

　私たちの世代は，このように，「戦後労働法学」が内と外から揺らぎ始めるときに，労働法学の研究を始めた。ステレオタイプ的な当時の表現でいえば「60年安保世代」が，「戦後労働法学」の打ち壊しを始め，「70年安保世代」が，崩壊させた更地の上に自分の労働法学を描き始めたともいえる。「戦後労働法学」が戦前の労働法学との断絶と清算のうえで更地に「戦後労働法学」を打ち立てたとすれば，私たちの世代は，「戦後労働法学」を意識し，多くはその清算の上で（断絶か継承かはともかく），新たな労働法学を出発させたといえる。その意味で，「ポスト戦後労働法学」なのである。

　では，「ポスト戦後労働法学」とはなんであったのか。この世代に属する多くの研究者の作業を一括りで語ることは困難である。ただ，時代の風をとらえた主張として注目をあびた「自己決定」論と「市場サポート」論を「ポスト戦後労働法学」の代表的潮流というならば，その特徴は，労働組合に不信を抱き，労働法システムのアクターとして，集団よりも個人と国家を重視したところにあったといえる。労働法に人間の尊厳の理念を掲げることに賛同して自己決定をとく立場も，労働法を労働市場政策に位置づける立場も，ともに市場における個人の自立を求めつつ，国家に依存するシステムを求める点では共通である。司法（後には立法）依存型か行政依存型かの相違にすぎない。個人的には，このような方法論には疑問と批判を加えてきた。もっとも，「ポスト戦後労働法学」の代表的潮流をこう総括することには異論もあろう。その評価は今後の議論に委ね，ここでは，実際に何を残してきたのかを振り返ってみよう。この問いもまた自分に向けると，沈黙せざるを得なくなるので，ここでも己を棚に上げて，戦後労働法学との対比でその特徴を考えてみたい。

まず,「戦後労働法学」の世代に比べ判例法理の対応に追われてきたものの,解釈論の中身をみると正直印象が薄い。「戦後労働法学」は,プロレーバー法学といわれながらも,判例法理の形成に少なからず影響を与えてきた。別な言い方をすれば,裁判所はなお学説に耳を傾け対話してきた。判例の集積が少なく団体法中心の争点であったこともあろう。これに対し,「ポスト戦後労働法学」の時代には,紛争の中心が個別法に移り,裁判所は一般民事事件の手法で処理ができることもあってか,学説の批判に耳を傾けることもなく,自己完結的に判例法理を展開してきた。学説が解釈論として判例法理の形成と変革に貢献したものは思い浮かばないし,実際,学説の多くは判例法理を後追いし,合理化してきたにすぎない。

他面,「ポスト戦後労働法学」は法政策に積極的に関与してきた。もちろん,80年代半ば以降,雇用機会均等法（85年）,労基法労働時間法改正（87年）,労働者派遣法（85年）,パートタイム労働法（93年）等,個別法の分野での新たな立法が失継ぎ早やに登場し,その対応に迫られたこともあろう。しかし,「戦後労働法学」が,法イデオロギー批判のあまり（正確にはその労働法学の位置づけの不透明さゆえに）政策論を疎んじたことを考えると,立法政策はポスト戦後労働法学の大きな特徴であろう。個人的にも紛争処理制度の整備,労働契約法の制定,労働者代表制の整備について積極的にコミットしてきた。それは,労働法システムを環境の変化に応じて調整していくこと自体を労働法学の任務と考えてきたからである。そして,このようなシステム調整は,政治,経済,社会のトータルな把握を必要とする。それゆえの,労働法を総合科学的に分析,検討する必要性を認識させる立法政策論は,「戦後労働法学」が社会科学としての労働法学を求めたとすれば,本来,それを忌避する必要性はなかったものである。

だが,「ポスト戦後労働法学」の「戦後労働法学」に対してもつかにみえた優位性も,労働契約法をめぐる立法過程で馬脚をあらわす。「ポスト戦後労働法学」が社会科学としても法律学としても,方的に未熟であったことをさらしたからである。認識の学にとどまらず,価値形成の学でもある法律学にとって,社会生活関係で発生する問題を,誰がどのような手法で解決するかは,社

会の在り方を問う。特に労働契約法は，個々の労働者を行為主体として雇用関係で発生する問題を解決することを前提とするものであるから，雇用関係のありようを，ひいては日本社会のありようを規定する。交渉力の格差を前提にしながら個別交渉システムの枠組みのもとで問題の解決をはかるものであるから，簡単な設計作業ではない。しかし，少なくとも保護法原理のもとで生まれた就業規則を労働契約法に移し，使用者の一方的決定による契約内容調整を行うことを良しとする法律をつくったことは，いかに効率的な問題解決手法であっても首肯しがたい。「ポスト戦後労働法学」の代表的方法の一つが，可能なかぎり判例法理の存在合理性を追求することにあったとしても，かかる労働契約法の制定に手を貸したことは致命的な汚点といってよいのではなかろうか。社会科学としての法律学を志向した「戦後労働法学」の視野の広さと志の高さに比べれば，「ポスト戦後労働法学」が，裁判所による事後的紛争処理（裁判規範）の使い勝手のみを重視しがちな実務法曹と同様，いかに功利主義的思考に陥っていたかを示すものだからである。

　労働法学研究者は，よく他の分野の研究者に比べて相対的にコモンセンスを持ち合わせていると自画自賛する。多くの友人・知人が学内外で行政能力を発揮している。だが，「ポスト戦後労働法学」が，利害調整能力を超えてどこまで学際的に発信能力を発揮してきたかは疑問である。「戦後労働法学」は，よくも悪しくも労働法学の世界を超えて発信力をもった。労働法判例の集積のなかで，一見，豊かな労働法の世界を築いてきたかにみえる「ポスト戦後労働法学」であるが，判例法理への対応と整理に追われ，時代の新しいテーマに追われ，いつしか，歴史研究や理論研究も手薄になり，他の法分野，とりわけ法思想や法哲学の分野への発信力を弱めた気がしてならない。

　こんな「ポスト戦後労働法学」の30年であった（自分を棚にあげて批判的言辞をはいてもその世代的責任は免れない）が，それでも，日本労働法学会が60周年を迎えることができたのは，「戦後労働法学」の遺産があったからであろう。若い研究者にとってみれば，あるいは，「戦後労働法学」も「ポスト戦後労働法学」もないのかもしれない。しかし，それが目の前に立ちはだかる壁のなさとすれば，ある意味不幸なことである。近年，会員のなかで女性研究者が増えた

ものの，法科大学院設置以降，研究者の養成がますます滞り研究者の層が薄くなっていることとともに，気がかりである。若い研究者にとって幸運なことは，市場経済のグローバル化にともない労働法学の直面する課題は共通するものが多くなり，労働法学の活動の場もまたますますグローバル化していることである。日本経済のパフォーマンスに左右されることなく，日本の労働法学がグローバルな学問環境のなかで一定の地位を占めうるとすれば，社会科学としての法律学を求めた伝統と志を忘れることなく，学際研究，国際研究を基礎に，より透徹した比較法の視点を提供し，また，環境の変化のなかで絶えず労働法のシステム調整を求める議論を積極的に換起していくことであろう。そのためにも判例法理の整理を机上で器用にこなすのでなく，足で稼ぐ泥臭さ，歴史文書のシミにもこだわる執念，冷徹なまでの形式論理，理想を語る情熱……等々，多様な研究者が登場して誠実な議論を戦わせて欲しい。論争なき学会に発展はないのであるから。

(けづか　かつとし)

最大化するジェンダー・ギャップ
―― 労働法は何ができるのか ――

浅 倉 むつ子

(早稲田大学)

1 ジェンダー・ギャップ指数

　世界経済フォーラムという国際経済団体が,「ジェンダー・ギャップ指数 (GGI)」の国際比較を公表している。よく知られている国連の「ジェンダー・エンパワメント指数 (GEM)」は, 女性の社会進出の国際比較だが, GGI のほうは, 男女間の「格差」に注目したものである。この指数に関する限り, 日本の位置は, 愕然とするほど低い。しかも80位 (2006年), 91位 (2007年), 98位 (2008年) と, 徐々に順位を下げており, 先進国の中では最低レベルである。2009年には, いったんは世界134か国中で75位と公表され, 少しは改善されたのかと喜んだのもつかの間, 使用した統計に誤りがあったらしく, 修正された正しい順位は101位に下がった。

　GGI の低さの2大要因は,「政治参加」と「雇用の機会均等」の立ち遅れである。これまでにも, 日本の女性の稼得力が著しく低いということは指摘されてきた。共稼ぎ世帯でも貧困率が高いこと, 母子世帯の母親の就業率は85％にも達しているのに貧困率が OECD でトップクラスであることなども,「女性の稼得力の貧弱性」という日本的特色を浮かび上がらせるものである。

2 高学歴女性の未活用

　GGI では, 教育水準にはそれほど格差がないにもかかわらず, 雇用分野の男女格差が大きいというところに, 日本的特色がみられる。高学歴なのに, なぜ日本の女性の稼得力は低いのだろうか。思い浮かぶのは, 女性労働力率が描く M 字型カーブである。第一子出産を機に, 約6割から7割の女性が退職しているという数値が, 非常に重い。これについては「女性側の意識の問題」を指

摘する声も大きいが，女性の「潜在的労働力率」は十分に山型になっているので，再就職を願う女性は多いのである。その再就職願望を阻止するものは，正社員としての復帰の困難性，ならびに，非正社員としての復帰がもたらす生涯所得の喪失の大きさ（パート・アルバイトとして再就職すると，就業継続者に比べて，生涯所得の82.2％を喪失する）である。日本のジェンダー・ギャップの根源をさぐっていくと，どうしてもこの非正規労働問題にいきついてしまう。

　OECDのアンジェル・グリア事務総長は，2009年11月18日に，日本には高学歴女性という未活用資源があると述べ，この貴重な資源の活用によって日本経済を再生するようにと助言した。その折，彼は，日本の女性労働力の未活用の要因について，以下の4点を指摘した。①ワーク・ライフ・バランス問題が家族生活と雇用の両立を難しくしていること，②非典型労働の増大が雇用の魅力を損なっていること，③賃金の年功制が男女格差を広げていること，④税制・社会保障が問題であること。いずれも妥当な指摘といえるだろう。ここでは第1点と第2点について，少しだけ私見を述べてみたい。

　もっとも，OECDから指摘されるまでもなく，これらの問題には，かねてから国内で政策的な取り組みがなされてきた，と言いたくなるかもしれない。法の世界では，たしかに，この20年ほどの間にずいぶんと進歩があった。数次にわたる均等法，育介法，パート法の改正はめまぐるしいほどである。にもかかわらず，ジェンダー化された雇用構造はほとんど変化していない。現状では，法政策は「効果的ではない」という批判を甘んじてうけざるをえない。

3　ワーク・ライフ・バランスの実際

　第1点目のワーク・ライフ・バランス（以下，WLBという）問題をみよう。女性や家族的責任をもつ労働者を対象とする措置である「仕事と家庭の両立支援策」に限定されない，より幅広い措置として，近年，WLBに関心が向けられていることは，歓迎すべきことである。「男性を含めた働き方の見直し」が，WLBと名づけられて，日本の労働政策の根幹に位置づけられるのであれば，かつて女性労働者のみを対象とした保護規定をめぐって繰り広げられた「保護と平等」論争にも決着がつき，新たな「男女共通規制」の理論的根拠が示されたことになる。すべての労働者に私生活と調和できる良質な労働条件を保障す

る，という「労働のあり方」規制が，WLBという理念にこめられているのだといえよう。

　しかし，理念だけでは意味がない。今のところ日本では，WLBが実現しているとは，到底，言えない状況である。この理念を論拠にした効果的な法政策として，たとえば，すべての労働者を対象とする時間外労働の上限規制や休息時間の創設などの立法課題が論じられてこそ，WLB理念には存在価値があるというものである。しかし現実には，WLBをめぐる政策方針にはしばしば「選択」というキーワードがついて回り，「多様な働き方」や「さまざまなライフ・スタイル」の推進こそが重点施策であるかのように喧伝される。もし「多様な働き方」が，経済的自立を不可能にするような非正規という「働き方」を含むものであるとすれば，この主張は，かえってWLBに逆行する。だからこそ「多様な働き方」は要注意である。WLBを掲げながら，不安定な非正社員ポストを増大する政策が実施されるなどということは，到底，許されてはならない（浅倉むつ子「労働法におけるワーク・ライフ・バランスの位置づけ」日本労働研究雑誌599号参照）。

4　非正規労働問題

　それだけに，非典型労働の増大が雇用の魅力を損なっているというOECD事務総長の指摘が生きてくる。日本の「労働市場」の強固な二重性が，格差や貧困を生みだす基底となっていることは，改めて指摘するまでもないことである。「内部労働市場」にいる，比較的安定的で恵まれた労働条件を享受している正規労働者と，「外部労働市場」にいる，不安定で低水準の労働条件にいる非正規労働者は，強固な壁に隔てられており，両市場を移動しあうことはほとんどない（島田陽一「労働法と企業」石田眞・大塚直編『労働と環境』日本評論社，2008年，参照）。2007年改正のパート労働法8条は，「通常の労働者と同視すべき短時間労働者」に対する差別を禁止したが，これは長期に企業組織内に定着した短時間労働者，すなわち「内部労働市場」にいる非正規労働者の保護をはかった条文といえる。しかしそもそも「内部労働市場」には，「非正規労働者」はほとんどいない。雇用形態の違いにもかかわらず正規労働者と非正規労働者を比較するという手法を取り入れたことは，十分に評価できるとしても，この

日本労働法学会創立60周年記念エッセイ（④）

条文の適用可能性はあまりにも少なく，到底，効果的とはいえない。まずは同法8条の適用可能性を高めるために，3つの要件の充足によって初めて比較可能性が認められるという，厳格な条件を緩和するような法改正を行うべきであろう。

　この問題については，2つの労働市場を隔てる「壁を低く薄くすることによって，双方の労働条件の連動性を高める」べきだとの提言がある（前掲・島田論文）。そこで示されている「現実的かつ具体的な道筋」とは，正規労働者に手厚い税制・社会保障制度や企業の福利厚生機能を薄くして「正社員を多様化」する一方，外部市場にいる労働者の自立性を高めるために，最低賃金制度や雇用保険制度を整備することなどである。雇用を提供する企業に「無理を強いない政策」という利点はあるが，百年河清を俟つ感もあるため，同時に，企業社会内部の雇用慣行に法が立ち入り，それを変容させるという，より直截的な対策も考えられるべきである。

　それらの手法としては，企業にさしたる経済的負担をかけずにすむものもある。たとえば企業の内部の「透明性」を高めて，労働条件や賃金格差の変化を公表させるという手法である。イギリスの2010年「平等法」では，「男女」の賃金格差情報の公表を，250人以上の民間企業に義務づけることにした（「法的義務」以前から実施されている男女の賃金格差状況改善の任意的取組みである「平等賃金レビュー」については，浅倉むつ子「男女間賃金格差縮小政策と企業の取組み」前掲『労働と環境』所収・参照。「平等法」については，2010年春の日本労働法学会における宮崎由佳氏の「個別報告」を参照）。もっとも，イギリスの平等法では，この制度の実現までには相当の準備期間をおくことが予定されており，企業もそれまでに自ら格差是正の改善策に取り組むという合意が前提となっている。このような手法を，日本では，正規・非正規間の賃金格差についても導入できないものだろうか。

　手掛かりは，ないわけではない。パート法は，前述のように3つの要件に応じて「通常の労働者」と比較する手法を取り入れたが，そのうちの「職務内容」に関して，厚生労働省は，「職務分析・職務評価実施マニュアル」を示して，助成金により，企業内にこれらの制度の導入を図るよう支援している。こ

のマニュアルは「格差の合理性」をかえって肯定することだという女性労働者たちからの批判もあるが、それは今後、マニュアルの修正によって解決していかねばならない課題であろう。重要なことは、正規・非正規労働者の職務を、相互に「比較可能な」ものととらえて、実際に価値評価するという実践が日本の企業社会に及ぼす影響であろう。これらは労使が共同で取り組むべき課題であるはずだが、残念ながら、マニュアルはそれに一切ふれていない。しかし、もしイギリスの「平等賃金レビュー」のように、労使が取り組む実践課題という位置づけが与えられれば、正社員も企業の人事担当者も、企業内部の賃金格差により敏感になるに違いない。

　つい最近まで、「同一労働同一賃金原則」の社会的基盤がないと言われてきた日本でも、パート労働者の均等待遇を契機として、賃金の支払い形態にまで影響を及ぼす労働政策が進行していることは、注目すべきことであろう。労使自治や契約自由の原則は基本的に尊重されるべきだが、労働条件に関する平等原則や差別是正という普遍的な法原則が抑制的であってはならない。企業内の従業員相互の格差是正に、労働法は、より効果的な役割を果たすべきと思う。

　　　　　　　　　　　　　　　　　　　　　（あさくら　むつこ）

問題関心を維持する工夫

道 幸 哲 也
(北海道大学)

　学会創立60周年の記念エッセイとして代表理事経験者が「労働法・労働法学の将来」について書く。「還暦」パーティで，人生における自分の立ち位置が分からず面はゆかったことを思い出すような企画である。
　学内騒然とした1970年に北大を卒業し，大学院に入った。指導教官であった保原先生から，修学旅行でしか道外に出ていなかった私に対し，すぐ学会員になって外の世界を知りなさいという適確なアドバイスがなされた。
　最初に参加したのは同年5月に慶応大学で開催された39回大会であり，「労働基準法と労働政策」のテーマであった。最初に聞いたのが宮島尚志先生の「協約化闘争の法理と協約法理論及び就業規則法理論の破綻」という個別報告であり，よく分からなかったが，迫力には衝撃を受けた。やはり東京は違う。
　それから40年の間，学会理事や企画委員長，代表理事を経験し，学会自体の運営にも関与した。とはいえ，日常的な運営は事務局長であった青野覚先生に任せっきりであった。
　研究レベルでは，学会のシンポジウムはチームとして発表できる良い機会であった。私も，「誠実団交義務と自由取引」(1979年，日本労働法学会57回大会)，「新法理への模索――労働組合の公正代表義務――」(1986年，72回大会)，「労働者組織と労働法」(2000年，100回記念大会)，「公務員制度改革と労働法」(2002年，104回大会)等で発表し，そこでの議論によって多くの示唆を得た。学会当日よりもそれまでの準備過程において，他の発表メンバーと議論する機会は，とても貴重であった。
　さて，本題に戻ると，記念エッセイはリタイアの作法としては捨てがたいアイデアともいえる。そこで気を取り直して，「労働法・労働法学の将来」を考

えたが，いいアイデアは出てこない。リタイアする人間に書かせるテーマとはいえない。若手研究者に「30年後の私」というテーマで書かせたらどうか。そこで，自分なりに問題関心を維持する工夫について考えてみた。これなら書ける。

　研究といっても法学の場合は比較法の本格的な研究からスタートし，実定法の解釈論へとすすみ，定職を得たのちは大学の講義負担の中で労働や職場に対する鋭敏な問題関心が薄れていくというパターンが一般的である。その間に原稿を頼まれたり，有識者として社会的に発言したり各種委員になったり，さらに学内行政に邁進したり，多様なコースがありうる。さらに大学院を持つ大学の場合は研究者養成という地味でかつやっかいな仕事もある。

　では，労働法の研究生活において職場や労働に対する生き生きした問題関心，興味を持ち続ける工夫はあるか。

　まず，自らが定職のない不安定雇用になる非常手段もないわけではない。しかし，問題関心が自分の生活に特化し，社会的拡がりに欠けることになりやすい。経済的困窮のなかではなかなかいいアイデアや研究は生まれない。ワーキングプアの気持ちは分かるが，法理の構築は無理といえる。結果的に不安定雇用層になることはあるが，これはおすすめできない。

　ここで追求すべきは定職をもったうえでのリアルな問題関心の維持方法である。私自身の体験では以下のことといえる。

　その一は，一定程度労働関係の実務に携わることである。私は，たまたま30年近く北海道労働委員会の公益委員として多くの不当労働行為事件の審査をしてきた。世間を揺るがし続けているJRの採用差別事件はじめ印象に残る事件も少なくない。同時に，多様な斡旋事件にも関与してきた。それを通じて紛争処理の実際を知るばかりでなく，紛争の背景や企業内や組合内における決定のメカニズムをも知ることができた。労使の顔がみえ息吹を感じることができ，またその時々の適確な判断が要請されるだけに貴重な経験であった。やはり現場は違う。

　公益委員は，不当労働行為事件の判定をするだけではなく，事件処理過程において，そのマネージメントの仕事もある。和解作業の手順やタイミング，和

解案の内容を決める作業は紛争解決技法を学ぶのに最適であった。また，労使委員の意見を調整し，職員のアイデアをも採用する余裕も必要である。管理職の苦労も少しだけわかった。

同時に，理論的にも得ることも多かった。まず，学会ではほとんど論議されていないが実務的な難問，たとえば不当労働行為を一定程度追認する和解協定の効力，期間の定めのない和解協定の解約ルール等々である。また，事件処理手続において申立組合以外の別組合の意向を確かめる必要がある事件が多いのにもかかわらず，そのような手続が想定されていないことも問題といえる。

さらに，和解にせよ斡旋にせよ，解決の際には，理論的な説得力が思いの外重要であった。ボス交やなあなあで解決することはほとんどないからである。労使双方を納得させるためには一定の理論化が不可欠といえる。労使当事者がそれぞれの組織を納得させるためにも必要な作業である。

法理論というより法理の背景となる考え方の重要性と深さを知ったことが私にとって最大のメリットであった。もっとも，ここ数年会長になってからは対外的な会議，労委内部における管理等の仕事が増加している。これは，不当労働行為法理だけではなく，労働委員会制度の在り方を考えるうえでは貴重な機会といえる。

その二は，永続的な研究会への参加である。研究者，とりわけ若手にとって労使関係の実際や最近の法的紛争の傾向を知るよい機会といえる。北大の労働判例研究会は，ほぼ毎週最近の裁判例の研究をしており，私はここで多彩な論点につき議論をし，さらに多くの論文作成の着想を得ることができた。問題関心を鋭敏にし論議のスキルを鍛錬するホームグランド，というより道場に他ならない。

さらに，裁判例の理解についても，多くの目でそれを読むので理解が深まる。いろいろな事実の評価や読み方があることを知るだけでももうけものだ。一定の時間集中して判決文を読む貴重な機会といえる。また，継続して同種裁判例をフォローすると全体的な傾向が見えてくるので総合判例研究も可能となる。問題関心を継続して持つことが前提になるが。

大学院生にとって研究会が重要なことはいうまでもない。しかし，研究者に

なった後にこそ研究(継続)環境が重要である。現在学会の活性化が提唱され若手研究者に対する奨励賞が企画されいるが，若手よりも元若手の研究奨励こそが課題であろう。そのためには，各地の研究会の活性化が不可欠である。その点，北大判例研究会の状況も予断を許さない。

その三は，学部での教育やゼミである。とくにゼミはその時々の20歳と接触する貴重な機会である。時代の感性や発想法が分かるとともに，食べ物や音楽，さらに異性の好みさえそれなりに感じることができる。そのために，ゼミ終了時に，担当者を決め，最近読んだ本の感想文を発表させ，また自由論題で5分くらいプレゼンテーションをしてもらっている。

同時に，演習では基本的な最高裁判例とともに最新の労働判例をも対象としているので，ゼミ生の議論は参考になることが少なくない。ほとんどの学生がユニオンショップ無効論を主張したり，労使間の合意の解釈につき労働者の「真意」を問題にするアプローチに批判的であったり，教師との間で激しい論争がなされることもある。教師の地位や経験だけではなかなか説得できない。どうしたら相手が理解しうるかの説得の仕方に悩むこともあり，教師としてのプレゼンテーションの修練でもあった。それでも，議論を中断する権限がある分教師にとって有利ではある。

(どうこう　てつなり)

グローバル経済危機は労働法に何を提起したのか

石　田　　眞
(早稲田大学)

　1　日本労働法学会創立60周年記念のエッセイを執筆するという栄誉に浴したが、学会誌編集委員会からの依頼は「労働法、労働法学の将来に関するお考えを自由にお書き下さい」とするものであったので、正直なところ何を書いてよいのか迷った。迷った末に、ここ1、2年同僚たちと取り組んでいる研究課題(「グルーバル経済危機は労働法に何を提起したのか」)の遂行の過程で考えてきたことを述べることによって、私に与えられた名誉ある責務を果たさせていただくことにした。

　2008年秋のアメリカのサブプライムローンの破綻に端を発するグローバル経済危機がいくつかの国において深刻な雇用危機を引き起こしたことは記憶に新しい。わが国への影響は、当初、比較的軽微であろうという観測もあったが、雇用危機の程度という点からみると、その影響は、経済危機発祥の地であるアメリカや少なからず影響を受けたEU諸国に比べても決して小さいものではなかった。大量の「派遣切り」、失業率の上昇などは、そのことを示していた。国際的にみても、厳しいグローバル競争が、様々なかたちでの経済危機を生み出しつつ、国民国家の労働市場を確実に動揺させている様を2008年末のグローバル経済危機は示した。失業率の増大、非正規労働者の増大、ワーキングプアの増大などがその証左であり、所得の不平等の拡大と非正規労働者の増大にどのように対処するかは、各国共通の政策課題になっている。

　こうした状況を踏まえ、私の所属する早稲田大学のグローバルCOEプログラムは、2009年11月15日、『グローバル経済危機と労働法の役割』と題する国際シンポジュウム(以下、「国際シンポ」という)を開催した。当日は、イギリス、アメリカ、イタリア、デンマーク、韓国から第一線の労働法学者(イギリスからはヒュー・コリンズ(Hugh Collins)・ロンドン大学政治経済学院教授、アメリカか

らはカール・クレア（Karl Klare）・ノースイースタン大学教授，イタリアからはブルーノ・カルーソ（Bruno Caruso）・カターニャ大学教授，デンマークからはオーレ・ハッセルバルク（Ole Hasselbalch）・オーフス大学教授，韓国からは盧尚憲・ソウル市立大学教授）を招き，日本側からは，趣旨説明，報告，コメントを行った。この国際シンポの報告およびコメントの詳細は，近著[1]に収められているのでそれを参照していただきたいが，このシンポジュウムにおいて私たちが目指したのは，グローバル経済危機が象徴的なかたちで労働法に提起した問題は何であったのかを国際比較を通じて検討することによって，21世紀における労働法の新たな方向性を少しでも明らかにできればということであった。

2　失業の増大，非正規労働者の増大，ワーキングプアの増大，賃金・労働条件の格差の拡大など，グローバル経済危機を契機に噴出した諸問題は，実は2008年末に突然現れたのではなく，90年代以降の市場経済のグローバル化と国際競争の激化の中で各国の労働法に突き付けられたていたものであった。「グローバル経済危機と労働法の役割」という国際シンポのテーマからみると，今回のグローバル経済危機が労働法に提起したのは，それぞれの国の従来の労働システムが90年代以降に出現した上記の諸問題に十分対応できていたのかどうかということであった。

わが国も含めた各国からの報告の詳細に立ち入ることはできないが，報告の多くが明らかにしたのは，〈所得の不平等や非正規労働者の増大といった労働世界における「分断」状況に対して，正規労働者の労働関係を標準的なモデルにした従来の労働法システムでは十分に対応できなくなり，限界を露呈しているけれども，労働法をどのような方向に発展させて行けばその限界を突破できるのかについて，明確な展望が見えていない〉ということであった。唯一，デンマークからの報告によると，同国のフレキシキュリティ制度は，労働世界における「分断」を招くことなく，市場の変化に労働者を順応させることができ，今回のグローバル経済危機の影響を最小限にとどめることができたとされており，現にフレキシキュリティ制度の導入に積極的なEU諸国もあるが，デン

1）　戒能通厚・石田眞・上村達男編著『法創造の比較法学——先端的課題への挑戦』（日本評論社，2010年7月）。

マーク自身は，歴史的・制度的前提を異にする他国への同制度の移植可能性については懐疑的であった。ここでは，各国からの報告において示された従来の労働法システムの限界とは何かという点を中心に述べるとすると，それは，ほぼ次のようなことであった。

　第1に，従来の労働法システムは，正規労働者と非正規労働者の分断を克服する明確な方向性を持ち合わせていないということである。「インサイダー／アウトサイダーの二重構造」（イタリア），「労働市場の両極化」（韓国），「分断された労働市場」（日本）という表現で示された正規と非正規の分断状況は，1990年代以降の市場経済のグローバル化と国際競争の激化が各国の労働市場にもたらした帰結であった。しかも，この二重構造は非対称的であり格差を含むものであることが問題となったまさにその時に，今回のグローバル経済危機が発生し，非対称的な構造の一方の極にある非正規労働者に過酷な結果を強いることになった。ところが，各国の労働法システムは，この二重構造を克服する確たる術（すべ）をいまだ獲得していないのである。

　第2に，従来の労働システムの作動だけでは，労働者自身とその家族に安定した生活を保障することが難しくなってきているということである。大多数の労働者が生活に足る仕事に就けた時代には，労働関係が維持され，労働法システムがうまく作動している限り，労働者とその家族の安定した生活は保障され，労働関係が中断もしくは解消された場合にのみ社会保障が出動・補完するものとされてきた。その結果，雇用保障と社会保障は，人間のライフサイクルの中では，労働関係の有る無しにより守備範囲を明確に区別したうえで補完関係にあると考えられ，労働法と社会保障法はそれぞれ別個の専門領域として機能分化していった。しかし，非正規労働者を中心とした「働いてなお貧しい」という貧困（ワーキングプア）の発見は，労働関係が維持されても安定した生活が保障されない事態が出現していることを示している。アメリカでは，貧困から逃れる道のなくなった低賃金労働者が社会保障給付を受給するという雇用と社会保障の結びつきが生まれ，そのことが，企業との関係では，助成（subsidize）の役割を果たす一方，納税者の間では，受給する低賃金労働者へ非難を呼び起こしているという。このように，生活できる賃金を得ることのできない低賃金

労働者が社会保障に依存することになると、労働関係の有無によって区分された従来の雇用保障と社会保障の関係は大きく崩れることとなる[2]。各国とも労働法の領域において、雇用形態の多様化の中でのセーフティネットの再構築やワーキングプアの解消といったテーマに関心が寄せられているが、その議論の射程は、直接的には非正規労働者の法的保護に向けられ、いわゆる縁辺労働者やワーキングプアの生活の保障を、雇用の側面から全体としてどのように図っていくのかという視点からの議論は余りなされていない。各国の労働法システムは、いまだ以上のような雇用保障と社会保障の分断状況を克服する確たる方向性を持ちえていないのである。

3 〈グローバル経済危機が労働法に提起したもの〉とは、私のみるところ、経済危機の中で明らかになった従来の労働法システムの限界をどのように克服するのかということであると思う。ここでは、2で述べた従来の労働法システムの限界に対応させて若干のことを指摘したい。

第1は、労働市場の二重構造の克服の課題である。この点に関しては、職場における正規労働者と非正規労働者の壁をなくすために、均等待遇の確立が優先されなければならないことは言うまでもないが、問題はその先にある。一つは、どのような均等待遇であるのかということであり、もう一つは、均等待遇の確立だけで済むのかということである。どのような均等待遇であるのかという点に関しては、労働市場の二重構造に手をつけない均等待遇の保障では不十分であるということである。わが国の改正パートタイム労働法は、史上はじめてパートタイム労働者の賃金等の処遇に関して強行的差別禁止規定を定めたものであり、その点での意義は大きいが、そこでいう「通常の労働者と同視すべき短時間労働者」とは、いわば内部労働市場化した短時間労働者のことであり、その意味で、同法が分断化・階層化された労働市場の二重構造に手をつけたとはいえない。では、適切な均等待遇が実現すれば、それだけで労働市場の二重構造の克服が可能かというと、必ずしもそうとはいえない。二重構造および正規・非正規の分断要因を明確にしたうえで、その要因の解消とともに均等待遇

---

[2] わが国の問題状況を踏まえて、生活保障という観点から雇用と社会保障の関係を扱うものとして、宮本太郎『生活保障——排除しない社会へ』（岩波新書、2009年11月）を参照。

の制度設計がなされなければならない。

　第2は，雇用保障と社会保障と新たな関係の構築である。労働世界の分断状況の中で，正規労働者の安定した雇用を前提に雇用保障と社会保障を分離できた時代は終焉したといってよい。ワーキングプアに代表される非正規の低賃金労働者に安定した生活（生存）を保障するためには，労働法の領域でも，労働権の保障に就労を通じて労働者が安定した生活が確保できるという意味での生存権の保障が内在化されているのだということを再確認する必要があるが，同時に，雇用の現実の変化により，労働法のみよって労働者の生活の安定を保障できなくなってきていることも自覚する必要がある。その意味で，労働者の生活保障における労働法と社会保障法の新たな関係の構築も課題となろう。

　　　　　　　　　　　　　　　　　　　　　　　　　（いしだ　まこと）

個別報告

イギリス平等法制の到達点と課題　　　　　　　　　　　　宮崎　由佳
労働市場における労働者派遣法の現代的役割　　　　　　　本庄　淳志
　　──契約自由と法規制との相克をめぐる
　　　　日本・オランダ・ドイツの比較法的分析──
フランスにおける企業倒産と解雇　　　　　　　　　　　　戸谷　義治

イギリス平等法制の到達点と課題

宮 崎 由 佳

(連合総研)

I イギリス平等法発展とその背景

　初めての差別禁止立法である人種関係法が1965年に制定されて以来，イギリスにおける平等諸法はめざましい発展を遂げた。この経緯の中で，禁止すべき「保護事由」が拡大されるとともに，法の目的も，「差別の禁止」というものから，より積極的な「平等の促進へ」と拡がりつつある。

　このようなイギリス平等法発展の主な機動力は，EU法における差別法の展開である。男女間の賃金平等に関する規定（条約156条，旧141条）が，いち早くローマ条約に存在し，その直接的効力が認められていたことにより，同条は，イギリス国内においても，男女平等賃金を実現するための根拠規定として，重要な役割を果たした。また，性別，人種・出身民族，宗教・信条，障がい，年齢，性的指向に基づく差別への対応をうたう規定（条約13条）の導入やそれを具体化する諸指令は，その国内法化を通じて，それまで人種，性別，障がいにとどまっていたイギリス平等法の対象保護事由を一挙に拡大させることとなった。

　平等法発展のもう一つの機動力は，1997年にブレアが政策課題として打ち出した「社会的包摂」と平等法との結びつきで説明できる。すなわち，社会的格差の是正や貧困問題解消への取り組みが平等法の目的に加えられることによって，法の目的は，「差別の禁止」にとどまらず，より積極的な「平等の促進」へと展開されることとなった。この展開は，構造的不平等へのアプローチを目的に，公的機関に対して積極的平等義務（性平等）を課した2006年平等法や，積極的平等義務の対象を全ての保護事由に拡大するとともに，社会経済的不平

個別報告①

等にアプローチする新たな規定を導入した2010年平等法において明らかになる。

Ⅱ　平等法の実現

1　雇用審判所等での救済を通じた権利実現とそれをサポートする仕組み

　上記背景から，イギリスは，雇用平等に関するものに限っても，四つの法律および三つの規則[1]による差別禁止法を制定するに至った。これら差別禁止諸立法により保障された権利が侵害された場合，労働者は，雇用審判所等に訴えを提起することができ，そこでの救済を通じて，個人の権利は実現される。また，雇用審判所には，毎年，多くの差別事案の申立てがあるが[2]，そこでの判例法理の蓄積によって，差別禁止法の内容は徐々に拡充されてきた。

　もっとも，労働者や使用者にとって，判例の蓄積によって明確にされていく法の内容を理解することはそれほど容易なことではない。そこで，「行為準則」[3]が，実務ガイダンスを提供している。労働者は，法の具体的内容を，これを通じて理解し，職場内で使用者に対して法的権利を主張する場合，あるいは雇用審判所に申立てをする場合などにはこれに依拠している。

　さらに，自らのケースが申立てを行うべき差別事案かどうかを判断するための情報収集手段として，「質問手続」が導入されている[4]。たとえば，同一賃金事案の場合，自分が「比較対象者」として想定する労働者より低い賃金を得て

---

1) 1976年人種関係法，1975年性差別禁止法，1970年同一賃金法，1995年障害者差別禁止法，2003年雇用平等（宗教あるいは信条）規則，2003年雇用平等（性的指向）規則，2006年雇用平等（年齢）規則がある。
2) 2008年4月—2009年3月で，雇用審判所に受理された差別事案は8万件を超えた。Employment Tribunals and EAT Statistic (GB) 1 April 2008 to 31 March 2009.
3) 行為準則は，制定法により国務大臣，勧告斡旋仲裁局，平等人権委員会等に作成権限が付与されている。行為準則については，小宮文人「現代イギリス雇用法」（信山社，2006年）45頁，内藤忍「当事者の自律的規制を促すしくみ——イギリスの「平等賃金に関する行為準則」を素材に」季刊労働法226号（2009年）173頁参照。
4) 質問手続については，1970年同一賃金法（s 7B），性差別禁止法（s 74(1)），1976年人種関係法（s 65(1)），1995年障害者差別禁止法（s 56(2)），2003年雇用平等（性的指向）規則（reg 33），2003年雇用平等（思想あるいは信条）規則（reg 33）および2006年雇用平等（年齢）規則（reg 41(1)）で規定されている。

いるか否かを確認するための事実や仮にそれが事実であった場合にはその理由などを，使用者に対して質問することができる（2003年同一賃金（質問および回答）命令）。

なお，行為準則自体には法的拘束力はないが，使用者は，行為準則上の措置をとったという事実を，雇用審判所に証拠として提出することができる。

また，質問手続もそれに対する使用者の回答は義務づけられていないが，質問状と使用者による回答は，雇用審判所のヒアリングで証拠として採用されるし（同一賃金法7B条3項），質問状を受け取った使用者が8週間以内に故意もしくは合理的な理由なく回答しない場合などには，使用者にとって不利な推論が行われる（同7B条4項）。

このように，使用者の行為準則の履行状況や質問手続における対応状況を雇用審判において有利あるいは不利に考慮することにより，その遵守が確保されていることもまた，指摘すべき特徴である。

2　専門機関による実効性の確保

平等法の実効性を確保する仕組みとして，イギリスには，専門委員会が設置されている。2006年平等法によって統合されるまでは，人種平等委員会，障がい者権利委員会，機会均等委員会の三つの機関が，それぞれに役割を果たしていた。

委員会の主な役割の一つは，キャンペーンの実施，行為準則の作成，ガイドラインの提供，各機関への助言などを通じた機会均等促進機能であり，もう一つは，個人申立ての支援や公式調査の実施などを通じた法強制機能である。

なお，法強制機能の中では，公式調査の役割が注目される。公式調査は，ある状況が違法か否か，あるいはその旨の主張があったか否かにかかわらず実施されるが，これを実施するにあたって，委員会は，対象となる会社や機関に対して，証拠の提出を求めることができる。そして，当該機関における違法な差別を認めた場合，委員会は「差別禁止通告」を発することとなる。このように委員会に対して強力な権限が付与されている公式調査は，労働組合の組織率が低下し，労働者の権利実現における労働組合の役割が相対的に低下している中

個別報告①

で，個別訴訟モデルを補足するための集団的な法強制ツールとして重要な役割を果たしてきたし，平等人権委員会に改組された現在も，かつてと同様に，その役割が期待されている[5]。

3 保護事由ごとの差別禁止アプローチの限界

差別禁止諸立法の発展は，社会に存する様々な差別を網羅するに至った。しかしながら，保護事由ごとに差別を禁止するというアプローチには，以下のような問題および限界があった。

第一に，その制定経緯から，ある場合は法律で，あるいは場合には規則と，規制手法が保護事由により様々であり[6]，差別の定義も立法ごとに規定されてきた。法律であれ規則であれ，両者には法的効力において差は無いものの，一般的には，差別事由間の規制手法の差と映ろう。また，差別定義の差異は，審判所などの解釈や判断により法の内容が具体化される中，差別事由間の保護内容の差異を生みだす，すなわち，「平等のヒエラルキー」という状況を生じさせていた。

第二に，差別事由ごとのアプローチの限界は，複合的差別（たとえば，アジア系黒人女性に対する差別）の事案で一層明らかとなっていた。このような立法状況の下では，二つの保護事由が相互に影響し，差別的状況が発生している事案に対して，事由ごとに，個別に判断するしかない。そして，いずれかの差別が成立しない限り，たとえ両事由が影響し差別的状況が生じていても，救済はなされないのである。

最後は，各差別を禁止し，是正していくというアプローチ（差別禁止アプローチ）に関する。差別が複雑化，多様化する中においては，単に差別を禁止しただけでは，社会に存する不合理な格差を是正していくことは不可能である。すなわち，もはや構造的差別への積極的な働きかけ（平等促進アプローチ）なくし

---

5) Colm O'Cinneide 'the Commission for Equality and Human Rights: A New Institution for New and Uncertain Times', (2007) 36(2) Industrial Law Journal 141, at 149.
6) たとえば，人種差別は1976年人種関係法により，年齢差別は2006年雇用平等（年齢）規則により禁止されている。

て，平等の実現という法の目的を実現することは困難な状況にある。

　後述する2006年平等法および2010年平等法は，これら問題への対応である。そして，両法の成立は，イギリス平等法が，「保護事由ごとのアプローチ」から「包括的アプローチ」へ，「差別禁止アプローチ」から「平等促進アプローチ」へと大きく展開したことをあらわす。

III　包括的平等法の制定に向けた動き

1　2006年平等法の制定とその特徴

　2005年，政府は，そのマニフェストで，全ての者に対する差別の排斥，および平等を促進する単一の平等委員会の設置，および包括的に平等を扱う単一平等法の制定を宣言した。そして，その実現の一環として，まず，2006年平等法が成立した。その主な内容は，①手当，施設またはサービスの提供における宗教・信条差別，および性的指向差別の禁止，②三つの専門機関の統合（平等人権委員会の設置），③公的機関のジェンダー平等義務の創設である。紙幅の関係上，ここでは，②および③のみにつき検討する。

(1)　専門機関の統合

　2006年平等法により，既存の三委員会は統合され，平等人権委員会が設立された。これは，単なる機関的統合を意味するものではない。すなわち，三つの機関を統合する形をとっているが，その対象は，人種差別，性差別および障がいにとどまらず，性的指向，宗教，年齢に拡大されている。つまり，平等人権委員会の設置より，差別諸立法が対象とする全ての事由に対応し，その実効性を確保する機関が設立されたことになる。

　さらに，全ての保護事由に対する「単一の機関」が設定されたという事実もまた重要である。すなわち，それは，全ての保護事由に対して，単一のアプローチをとること（保護事由間で差異はなし），そして，複合的差別についても対応することが，少なくとも機関的には可能となったことを意味する。

個別報告①

(2) 公的機関のジェンダー平等義務の内容

① 一般義務と特別義務

　公的機関の平等義務は，人種および障がいの二つの差別事由についてはすでに導入されていたが，2006年平等法により，これに性別が加えられた[7]。平等義務は，公的機関一般に対して課される「一般義務」と，一定の公的機関に対して課される「特別義務」を内容としている[8]。

　まず，全ての公的機関と，公的機関としての機能を果たす民間およびボランタリーセクターの機関は，差別の排斥および機会均等の促進を考慮するという「一般義務」を負う（性差別禁止法76A条1項）。つまり，各機関はその任務を履行することに関わり，具体的には，政策方針の提示，公的サービスの提供などにおいて，違法な差別を排斥し，機会均等の促進を考慮するという法的義務を負う。また，これら公的機関は，職員に対する使用者としての役割においても，同様の考慮が求められる。

　たとえば，フルタイムの職員のみに訓練手当を支給するという政策がある場合，公的機関は，この政策の男性および女性への効果を分析・検討することとなる。このような政策は，パートタイム職員を排除するという意味で，男女間に異なる効果を及ぼすため，当該機関は，その一般義務を果たすために，この政策の効果の差を除去するための具体的措置の検討が求められるのである。

　もっとも，こういった政策は，一方で，間接差別として争うことが可能である。しかしながら，その場合，パートタイム職員が，当該政策が間接差別であることを申立て，立証しなければならない。これに対して，平等義務は，そのような申立てによることなく，公的機関自らが，その課せられた義務を果たす

---

7) 人種および障がいに関する平等義務の内容は，2000年人種関係（修正）法および2005年障がい者差別法参照。
8) 平等義務については，行為準則が策定されている。それによると，公的機関の履行状況については，①情報（当該義務の実施が男女に対してどれほどの効果を有するのかを理解するに足りる情報を公的機関が有しているか），②関与（情報の提供などにつき当該機関内外の関係者が関与しているか），③透明性（政策決定プロセスなどに関する情報が広く提供されているか），④均衡（ジェンダー平等に最も影響を与えるであろう努力と資金を投入したか），⑤効果（差別を縮減し，より平等を実現するための行動をとり，かつ求められる結果を出したか）により，委員会により評価される。

べく，政策の男女別効果について検討を行うこととなる。すなわち，個別の申立てによらずに公的機関が構造的な差別に対して取り組むことが，法的義務として課されているところに，この義務の創設の第一の意義があり，このことは明らかに，これまでとられてきたアプローチとは異なるものである。そして，このアプローチ展開にこそ，2006年平等法制定の重要な意味がある。

他方，「特別義務」は，リスト記載の一定の公的機関に課される義務であり（性差別禁止法76B条），当該公的機関にはジェンダー平等計画，すなわち，一般義務を履行するために，具体的にいかなる措置をとるのかにつき計画を策定し，それを公表するという義務を負う。

② 平等義務の民間およびボランタリーセクターへの間接的適用

以上のような「平等義務」は，直接的には，公的機関を対象とするものであるが，公共調達および委託を通じて，その効果は，間接的に，民間企業やボランタリーセクターにも及ぶ[9]。すなわち，公的機関は，公共調達あるいは委託の際，その義務を果たすため，相手方たる事業者の平等状況を積極的に考慮することが求められる。したがって，その相手方たる民間あるいはボランタリーセクターの事業者は，公的機関と契約するために，自らの職場の平等を促進することになる。さらに，平等義務は，たとえ民間であっても，公的サービスを提供する機能を持つ場合には，一般義務を課すものである。このような公共調達などを通じた間接的規制が，平等義務の第二の意義である。

2 2010年平等法の制定

(1) 2010年平等法の制定

2009年4月，これまで制定してきた差別法を統合し，かつ強化する2010年平等法案が国会に提出され，同法案は，2010年4月8日，国王の承認を得て，法として成立した[10]。2010年平等法の主な特徴としては，①差別定義の統一，②複

---

9) なお，ブレア政権下で進められた「第三の道」においては，社会的課題については，ボランタリーセクターとのパートナーシップによって解決するという施策が重視されてきた。そこにおいて，ボランタリーセクターは，単なる政府のエージェントではなく，公共サービスを協同して作り出す，政府と対等なパートナーとして位置づけられている。

合的差別への対応，③公的機関の義務の拡充，⑦男女間賃金差別に関する新たな規制，⑧雇用審判所の権限の拡大などが挙げられる。

(2) 2010年平等法の特徴

① 差別定義の統一

差別の定義が保護事由ごとになされていたことから，審判所などによる異なる解釈を生み，保護内容に差が生じていたことは，既述の通りであるが，2010年法による差別定義の統一は，この問題への一応の解決である。

また，これまで禁止されてきた差別事由の全てが，2010年平等法の「保護事由」として規定されたことにより，それら事由が全て同一の基盤にあること，すなわち，全てが人権として位置づけられ，差別から保護されることが明確にされたことも重要である。すなわち，2010年平等法による保護事由のリスト化は，事由ごとの差別法の発展の結果として生じていた，「平等のヒエラルキー」への立法的対応と評価することができる。

一方，法は，保護事由の性質に応じた異なる対応も認めている。たとえば年齢差別は，直接差別に関しても，客観的に正当化される場合には差別は成立しない（13条1項）。よって，年齢差別は，間接差別の場合と同様，直接差別においても正当化できるという意味において，少なくともその枠組みにおいては，他の保護事由と比べて異なる取扱いを幅広く認めている。

また，障がい差別については，有利な扱いも差別とはならず（13条2項），他方，合理的調整義務が課されているにもかかわらず，使用者がそのような調整をしない場合にも差別が成立する（21条）。したがって，年齢差別の場合とは対照的に，障がい差別の場合は，保護される範囲が拡がる。障がいを有する労働者にとっては，労働市場に参入すること自体が障壁となり得ることから，その障壁を取り除くこともまた，法の目的となる。そして，その事実こそが，障

---

10) 2010年平等法制定に至る議論については，鈴木隆「雇用平等法の最近の動向について」季刊労働法224号（2009年）214頁以下，「海外労働事情(87)イギリス　差別禁止に関する法律間での整合性の欠如の解消——平等法案の上程」労働法律旬報1706号（2009年）16頁および「海外労働事情(77)イギリス　雇用平等法——雇用平等法の統一化に向かう動き」労働法律旬報1684号（2008年）54頁以下を参照。

がいを有する者に対する有利な扱いや，使用者に対する合理的調整の要請を正当化しているものと理解することができる[11]。

② 複合的差別への対応

単一の保護事由を有する者より，複数の事由を有する者の方が不利な状況にあることは，一般的に認識されていたが，このような複合的差別に対して，従来の保護事由ごとのアプローチでは効果的な対応がとれずにいたことはすでに指摘したところである。このような状況への対応として，2010年平等法は，二つの保護事由の結合を理由に，いずれの保護事由も有さない者を扱う，あるいは扱うであろう（状況）よりも不利に扱うこと（複合的差別）を，差別の一つとして禁止した（14条）。

本条項の意義は，具体的事例を検討すると，より明確になる。たとえば，ある会社が，黒人女性の採用を拒否したという場合，従来であれば，労働者からの主張に対して，使用者は，白人女性が採用されているという事実に基づき，性差別の成立を否定し，同時に，黒人男性が採用されているという事実に基づき，人種差別の成立を否定するであろう。このように，事由を個別的に検討すると，いずれの差別にも該当しない可能性は高い。しかしながら，複合的差別というアプローチによれば，彼女は，学歴，経験などにおいて彼女と同じ状況にある白人男性と比較することで，差別の立証をすることになる。白人男性と比べ，黒人女性が不利に扱われているであろうことは容易に想像できることから，複合的差別規定の導入により，そのような差別を受ける者の立証責任が，従来のアプローチに比べかなり軽減されると考えられる。

③ 公的機関の義務の拡充

2010年平等法は，公的機関の平等義務の対象を，従来の人種，障がいおよび性別から，全ての保護事由に拡大している[12]。このこと自体，意義のあることであるが，もう一つ，注目すべきは，この義務に加えて，一定の公的機関に対し

---

[11] この点につき明らかにするものとして，Archibald v Fife Council 事件貴族院判決（[2004] IRLR 651）および同判決に関する長谷川聡「障害者に対する『調整義務』の範囲」労働法律旬報1587号（2005年）12頁参照。

[12] その対象事由は，年齢，障がい，性転換，婚姻，市民パートナーシップ，妊娠・出産，人種，宗教・信条，性別および性的指向に及ぶ。

個別報告①

て,「社会経済的不平等を考慮する義務」を新たに課したことにある（1条）。この義務によって，公的機関は，その政策上の決定をする際に，それら決定が，社会経済的不利益に関わる不平等（たとえば，教育の格差，保健サービスへのアクセスの不平等や犯罪率の差など）の削減にいかなる効果を持ちうるのかを考慮することが求められることとなる。具体的には，公的機関は，その課された義務の履行として，自らの主たる政策に関する社会・経済的効果について，モニタリングし，必要な場合には，その不利益をなくしていくことを考慮することなどが求められる。

　本規定は，直接的には，差別というよりはむしろ貧困にアプローチするものと映る。ブレア政権以降の前政権下では，貧富の格差の縮減をめざす数々の政策がとられてきた[13]。確かに，それらは，直接的には貧困者層をターゲットにした政策である。しかしながら，たとえば，全国最低賃金制度の導入が多くの女性の賃金を底上げしたように，それら政策の影響を受けた者の多くは，女性であり，黒人であり，障がい者であった。つまり，そのような政策の実施は，貧困と差別との結びつきを明らかにしたものであり，2010年法のこの規定は，社会・経済的不利益と深く結びつく不平等に平等法が取り組むという姿勢を示したものと評価できるのではないだろうか。

　④　男女間賃金格差情報の公表義務

　2010年平等法は，250人以上を雇用する民間企業の使用者に対して，男女間賃金格差情報の公表を求める規則の制定権を，国務大臣に認めている（78条）。なお，2013年4月までは，この規則の制定は予定されていない。つまり，政府は，あくまで企業が自主的に，かつ定期的に当該情報を公表することを望んでおり，2013年4月までは，企業による自発的な措置が実施されるための猶予期間として想定されている。そして，平等人権委員会のモニタリングおよび報告などにより，当該期間までに十分な成果がみられないと判断された場合には，規則が制定されることとなる。

　この規制は，一定規模以上の企業という限定があり，また，法的に義務づけ

13）　全国最低賃金制度の導入，不利益を受けているグループに対する復職プログラムの実施等は，貧富の格差是正政策の一環として実施されたものである。

られている内容も「男女間賃金格差情報の公表」というものであって、それほど企業の負担が大きいものとはいえないが、社会的な効果は小さくないと思われる。というのも、各企業が、賃金格差情報を定期的に公表しなければならない以上、使用者は、男女間の賃金格差の縮小・差別の解消に取り組まざるを得なくなるからである。

　同一賃金法が制定されてから40年が経ち、男女別賃金決定といった明確な差別はみられなくなっているが、依然として、男女間には20数％の賃金格差がある。賃金格差情報の定期的な公表を義務づけることを通じて、当該企業に構造的不平等を認識させ、自らがその原因を追求し、改善策を実施するよう促す。本規定の最大の意義はそこにあるのではないだろうか。

　⑤　雇用審判所の権限の拡大

　雇用審判所は、違法な差別、ハラスメント、報復的行為に対し、権利の宣言、補償金の支払いを命令し、あるいは当該行為によって生じた不利益を除去しまたは減殺する措置を勧告するという形で救済を図る。

　2010年平等法は、この「勧告する権限」の拡大を図っている。すなわち雇用審判所は、今後、申立人のみならず、当該訴訟には関与していないが同様の状況にある者のためにも、勧告を出すことができる（124条2項、3項）。ここには、差別が当該個人に限らず、同じ保護事由を有する者に関して共通に生じているという捉え方が反映しているように思われる。すなわちこれは、（差別の）集団性という差別の性質、ないし、当該個人を救済するという個別訴訟モデルの限界（救済効果の限定性）への対応策であると言える。

Ⅳ　2010年平等法の意義と課題

　それでは、45年にも及び発展してきたイギリス平等法の到達点たる2010年平等法はいかに評価すべきであろうか。

　まず、2010年法は、これまで様々な手法で規制されてきた事由を包括的に保護事由として取り込むことを通じ、リスト化した事由全てを、人権として捉えている点、また、統一的な差別の定義を行うことによって、定義の違いによっ

て生じていた事由間の保護内容の差を解消した点で評価できる。同時に，年齢や障がいなどについては，別途他の事由とは異なる例外的な規定をおいており，ここからは，保障されるべき人権という意味では保護事由間に異なるところはないとしても，それぞれの事由の性質に応じた取り扱いの差異を認めるという，法の一定の立場が明らかにされている。

　このような法の立場は，年齢差別禁止規定の統合により，性別や人種など伝統的な社会的差別に対する法規制が希薄化するのではないかというしばしば出される疑問に，一つの回答を示している。つまり，事由の性質による異なる取扱いを認める以上，より広く正当化が認められる年齢差別が，保護事由として性別と同列に記載されたからといって，これまで真正な職務資格のみによる正当化を認めてきた性差別等への規制が希薄化される訳ではない。

　次に，指摘しておくべきは，平等法の目的についてである。2006年および2010年の平等法の制定とその内容から明らかとなるのは，平等法の目的が，「事由ごとの差別禁止（差別禁止法）」から，より積極的な取り組みを求める「平等の促進（平等法）」へと展開していることである。

　もちろん，かつての差別禁止立法も，差別の排斥のみならず，平等の促進を目的として掲げてきた。間接差別やポジティブアクションという概念が生み出されたのも，これらの差別法の目的に，「平等の促進」があったからであろう。しかしながら，2006年と2010年の平等法は，具体的に，公的機関の平等義務および社会経済的不利益の考慮義務を創設することによって，個人の申立てによる差別の排斥という手法とならぶものとして，公的機関自らが，その任務の履行をモニタリングする等により，構造的な不平等に取り組むことを法的に義務づけている。すなわち，ここでは，公的機関による積極的な「平等の促進」という手法が，「差別の排除・禁止」という手法と並び立つ重要な位置にまで引き上げられている。

　確かに，その実現手法は，公的機関を通じた政策によるものであり，民間企業に対する規制としては弱く映る。しかしながら，公共調達や外部委託を通じて，その相手方である企業に対し，自らの平等状況をチェックし，改善するといった積極的取り組みを求めることになっていることは，先に指摘した通りで

ある。また，当該アプローチを民間企業にも及ぼすものとしてみることができる男女間賃金格差情報の公表も，そこで企業が担う義務の内容は「公表」にとどまるが，実際上，該当企業は，男女間賃金格差状況を把握し，その改善に取り組むことになるのであり，その効果はけっして看過すべきではない。これら各種の重層的な手法があいまって，効果を高め，職場における平等確保に向けた積極的な取り組みが促進されていくことが期待される。

なお，雇用審判所に申し立てられる差別事案は，年々増加の傾向にあり，案件の増加による訴訟の長期化は，労働者にとって著しい精神的・財政的負担となっている。その多くは，企業組織全般に関わるものであり，このような差別の集団性への対応が，先に示した雇用審判所の権限の拡大である。しかしながら，平等法制定前の議論の中心にあったのはむしろ，労働組合や平等人権委員会といった機関に，当該グループの代表として訴訟提起することを認めるという代表訴訟の導入であった。確かに，膨大な数の訴訟の提起と，それを原因とする訴訟の長期化への対応や労働者の負担の軽減という点から見れば，こちらの方が効果的な解決と言える。もっとも，この問題は，平等法に関するものにとどまらず，訴訟システム全般に関わることから，引き続き検討すべき課題として残された。

このように残る課題はあるものの，包括的平等法制を完結し，差別を排斥し，平等を促進する新たな枠組みを確立した2010年平等法の成立は，イギリス平等法の歴史における最も大きな前進であり，今後の展開も，引き続き注目したい。

(みやざき　ゆか)

労働市場における労働者派遣法の現代的役割
―― 契約自由と法規制との相克をめぐる
日本・オランダ・ドイツの比較法的分析 ――[1]

本 庄 淳 志

(大阪経済法科大学)

I 問題状況

　労働者派遣は，今日，企業が労働力を調達するうえで不可欠の手段となってきているが，派遣という間接雇用に対しては根強い批判もある。社会的な批判は，格差問題を背景に派遣労働者の労働条件の低さを問題視するものである。しかし，現在の派遣法でも，労働者保護の観点から労働者派遣事業への参入を制限すると同時に，派遣元が労働契約上の使用者であることを明確にしたうえで，一定事項については派遣先にも法的責任が課されている。これは，労働者派遣のような間接雇用では，歴史的にみて中間搾取などの弊害が多かったという事情を考慮したものである。他方で，こうした弊害があるにもかかわらず，日本で労働者派遣が解禁されたのは，労働市場における派遣の需給マッチング機能が重視されたからであり，このマッチング機能の重要性そのものは，現在いっそう高まってきている。

　それにもかかわらず，なお労働者派遣制度が批判される背景には，雇用と使用が分離した間接雇用が，そもそも労働法の趣旨に合わないという原理面から

---

[1] 本稿は，労働者派遣という議論の多いテーマについて，限られた紙面で外国法の動向も紹介するといういささか無謀なものとなっている。全体のバランスを崩さないよう心がけつつも，必要最小限の記述にとどめざるをえないため，学術研究として雑駁にすぎるというご批判もあると予想されるところであるが，分析の全体像については，拙稿「労働市場における労働者派遣法の現代的役割――契約自由と法規制との相克をめぐる日本・オランダ・ドイツの比較法的分析――」神戸法学雑誌59巻3号（2010年）を参照されたい。また，労働者派遣制度のあり方をめぐる論考は国内外のものを含めて相当数にのぼるが，本稿では最小限の引用しかしていない点を予めお断りしておく。

の批判がある（本稿では，こうした立場を直用主義とする）。この直用主義には2つの異なる考え方が含まれている。すなわち，第一に，派遣労働を広範に認めると，派遣先の常用雇用労働者の代替が生じるという批判である。労働者派遣法は，常用代替を防止する目的で，当初は派遣対象業務を長期雇用慣行と無縁の専門的な業務に限定し，最近でも，いわゆる自由化業務について派遣期間を制限することを重視している。これに対して，第二の批判は，間接雇用は派遣労働者にとって望ましい働き方でなく，できるだけ派遣先に直接雇用されるようにすべきというものである。

　最近の法改正では，第一の考え方は徐々に後退し，むしろ第二の考え方が強化されて，派遣労働者を派遣先での直接雇用へと誘導する規定が設けられ，さらに規制を強化する方向での立法改正も目指されている。しかし他方で，こうした規制を強化すればするほど，派遣のマッチング機能は減殺されかねない点もふまえると，労働市場における派遣のマッチング機能に対するニーズと，派遣労働者の保護の必要性について，どのように調整するのかを検討することが緊喫の課題であるといえよう。

　このようななか，筆者の基本的な視点は，派遣には労働市場における需給マッチング機能もあり，これは派遣労働者を含む当事者にとって有利な面もあるというものである。本稿は，このような問題関心にもとづいて，雇用の安定を重視するという考え方をとりながらも，労働者派遣を積極的に促進しているオランダの法制度，および，直接雇用を重視しながらも，失業対策という観点から徐々に労働者派遣の規制緩和を進めてきているドイツの法制度を分析・検討し，日本における，労働者派遣の規制のあり方についての示唆を得ようと試みたものである。分析対象国として両国を選択したのは，いずれも，日本と同様に，比較的に厳格な解雇規制をもつという共通点がみられる（つまり，労働力の需給調整に対して制度上は厳格な規制がある）なかで，直用主義に対する考え方の違いがみられ，労働者派遣をめぐる問題を検討するうえで示唆に富むからである。以下では，オランダ，ドイツの法制度を概観し，最後に，日本法への示唆を述べることとする。

個別報告②

II　オランダの問題状況[2]

　オランダの労働者派遣制度をみると，1999年に「柔軟性と保障法[3]」が施行される前後で大きな変化がみられる。従来の派遣法制では，許可制度と期間制限を中心とする公法的アプローチが採用されていた。その目的は，主として，労働者派遣が派遣先の雇用慣行に悪影響を及ぼすことを防止することがねらいであった。他方で，こうした制度のもとで，派遣労働者の法的地位は不安定であるほか，実務では違法な派遣が横行するという問題が指摘されていた。

　こうしたなかで施行された「柔軟性と保障法」は，民法典を包括的に改正するものであり，法制度としては厳格な解雇規制のもと，非正社員の労働力利用の柔軟性と法的保護とのバランスを図ることを目的とする。労働者派遣についても，従来の許可制度や期間制限の撤廃とならび，他の法制度，特に有期労働法制とのバランスが重視されている点が注目される。現在の法制度は，民法典による，①有期労働法制の例外としての26週ルール，②中途解約を自由化する「派遣条項」に関する規制，③そして，労働市場仲介法（労働者派遣法[4]）による，派遣先の直用労働者との均等待遇原則を中核とし，私法的アプローチへの転換が図られている。

　まず，「26週ルール」についてみると，労働者派遣の場合には，派遣労働者として就労する最初の26週間は，有期労働法制の適用，具体的には更新回数の上限規制を受けない。この点，オランダの有期労働法制をみると，EC指令に

---

2) オランダの法制度については，主に次の文献に負う。*Bakels/Vonk/Bouwens*, Schets van het Nederlandse arbeidsrecht (20^e druk), Kluwer, 2009; *Grapperhaus/Jansen*, De uitzendovereenkomst, Kluwer, 1999; *C. J. Smitskam*, De uitzendovereenkomst, Kluwer, 2005; *Loonstra/Zondag*, Sdu Commentaar Arbeidsrecht 2007, Sdu, 2007; *Heijden/Slooten/Verhulp*, Arbeidsrecht - Tekst & Commentaar (4^e druk), Kluwer, 2006.
3) Wet flexibiliteit en zekerheid, Stb. 1998, 300.；同法の概要を紹介するものとして，*Jan Heinsius*（川田琢之訳）「20世紀末期のオランダ労働法──雇用関係における『フレキシキュリティ』化の傾向──」日本労働研究雑誌464号（1999年）108頁以下，ファン・フォス（大和田敢太訳）「オランダにおけるワークシェアリング政策と労働市場の柔軟化」日本労働研究雑誌508号（2002年）79頁も参照。
4) Wet allocatie arbeidskrachten door intermediairs (Stb. 1998, 36).

もとづいて，①無期雇用との差別禁止原則を規定すると同時に，②いわゆる出口規制によって有期雇用の反覆継続が制限されている。[5] オランダでは，有期雇用をどのような場合に利用するのかは自由であるが，反覆更新による最長期間（3年）や更新回数（3回）の点で制限があり，この規制は3ヵ月のクーリング期間とあわせて，一般に「3×3×3ルール」と呼ばれている。この「3×3×3ルール」のもとでは，たとえば，有期労働契約が3回更新された場合には，4度目の契約には期間の定めがないものとみなされ，解雇規制の適用を受けることになる。しかし，労働者派遣については，最初の26週以内であれば，有期契約が反覆継続しても無期雇用に転換しない。

次に，「派遣条項（uitzendbeding）」とは，派遣先の要請がある場合に，派遣元が派遣労働者との雇用関係を終了させることができる特別な約定をさす。労働契約に派遣条項がある場合には，派遣先の終了要請と同時に派遣元との雇用関係も終了し，解雇規制等は問題とならない。派遣先の要請としては，労働者派遣契約のすべてを解消する場合のほか，単に派遣労働者の交替を求める場合も含まれる。このような派遣条項は，労働者の法的地位を不安定にするものであるため，こちらも，派遣就労期間が26週を超えるケースでは無効となる。

このように，オランダでは，法律上，派遣労働者の就労期間が26週を超えるかどうかで，雇用の存続保護のあり方が大きく変化する。[6] 26週未満であれば，有期労働法制の適用除外と派遣条項によって，いわゆる登録型派遣も全面的に許容されている。一方，26週が経過すると，派遣労働者は，「3×3×3ルール」にもとづいて派遣元との間で期間の定めのない労働契約を締結するものとみなされ，派遣条項も無効となる。要するに，常用型派遣への転換が図られるのである。ただし，この26週という期間については，労働協約で「別段の定め」をする余地があり，実際に支配的な労働協約をみると，期間は78週（1年半）に

---

5) オランダの解雇・有期労働法制の詳細については，拙稿「オランダの解雇規制と有期労働法制」荒木尚志（主査）『非正規雇用問題に関する労働法政策の方向——有期労働契約を中心に——』（公益財団法人労働問題リサーチセンター，2010年）所収を参照。

6) なお，26週の算定については，断続的な労働者派遣によって解雇規制等の労働法制が回避されることを防止するために，クーリング期間を1年と長期に設定し，期間の算定についても週単位で行う（たとえば，1週間に1時間の労働であっても1週としてカウントする）などの工夫もみられる。

まで延長されている。

　一方，派遣期間中の労働条件については，労働市場仲介法のなかで，均等待遇原則が規定されている。同法によると，まず，派遣労働者の賃金は，派遣先の，同一または同等の職務で直接雇用されている労働者に支払われる賃金あるいは付加手当の水準と，同等である必要がある（8条）。ただし，この均等待遇原則については，労働協約で「別段の定め」をする余地も認められており，実務上も一般化している。

　以上要するに，オランダ法の特徴は，第一に，派遣のマッチング機能を重視して，一定期間は有期雇用に対する規制を及ぼさないことで，派遣を利用しやすくしていること，第二に，派遣が長期化する場合には，常用型派遣に転換することで，派遣元での雇用保障を強化する点にある。そして第三に，派遣労働条件について均等待遇原則が定められているが，実務的には，労働協約によって関係当事者間の利益調整が図られている。オランダでは，派遣労働者（間接雇用）としての保護が重視されており，派遣労働者を直接雇用へと強力に誘導する政策は採られていない。

Ⅲ　ドイツの問題状況[7]

　次に，ドイツ法をみると，ドイツでは，職業紹介事業は国家が独占すべきとの立法政策のもと，労働者派遣も，当初は，民営職業紹介事業の一種として禁止されていた。しかし，こうした包括的な規制が「営業の自由」を侵害し違憲とされたことを契機として，労働者派遣の制度化が進められたという事情がある。

7）　ドイツの法制度については，主に次の文献に負う。: *Schüren/Hamann*, Arbeitnehmerüberlassungsgesetz, 4. Aufl., 2010.; *Ulber*, Arbeitnehmerüberlassungsgesetz-Basiskommentar zum AÜG, 2008.; *Glöge/Preis/Schmidt*, Erfurter Kommentar zum Arbeitsrecht(= ErfK), 10. Aufl., 2010.; *Schaub*, Arbeitsrechts Handbuch, 11. Aufl., 2005.; *Henssler/Willemsen/Kalb*, Arbeitsrecht Kommentar, 2. Aufl., 2006.; また，ドイツの派遣制度に関する日本語での先行研究として，とくに，大橋範雄『派遣法の弾力化と派遣労働者の保護――ドイツの派遣法を中心に――』（法律文化社，1999年），同『派遣労働と人間の尊厳――使用者責任と均等待遇原則を中心に――』（法律文化社，2007年）がある。

こうしたなかで制定された1972年の労働者派遣法は，第一に，許可制度によって事業に参入規制を課し，第二に，派遣上限期間を3ヵ月に制限し，第三に，派遣期間と雇用期間とを一致させること（登録型派遣）を禁止し，第四に，有期労働契約の利用事由について，直接雇用の場合以上に限定することを中核としていた。これらは，事業の許可基準という公法的な規制であると同時に，違反のケースでは，違法な職業紹介事業を行うものと推定され，派遣労働者と派遣先との労働契約関係が擬制されていた。ドイツの派遣法は，伝統的に，同法に反する違法派遣のケースで強力に直接雇用へと誘導する仕組みをもつ点に特徴がある。

　しかし，ドイツでも，厳しい雇用情勢を背景として，労働者派遣についても期間の延長を中心に規制緩和が進められ，現在では，先ほどの各規制のうち，①派遣上限期間の規制，②登録型派遣を全面禁止する規制，③有期雇用の利用事由を限定する規制については，いずれも撤廃されている。つまり，派遣期間や利用事由といった点では，現在のドイツ法には，派遣先での直接雇用へと誘導する枠組みは失われている。他方で，労働者派遣事業における許可制度は維持されており，しかも，期間制限の撤廃とあわせて，派遣労働条件について，派遣先の直用労働者との均等待遇原則が導入された点が注目される。また，登録型派遣については，同時期に制度化されたパートタイム・有期労働契約法による規制に服する。これらは，いわゆるハルツ改革期の法改正の一環である。

　ハルツ改革では，人材サービス・エージェンシー（PSA）を設置することにより，官民が協働して，労働者派遣を利用して需給マッチングを図ることが重視されていた[8]。これは，ドイツの深刻な雇用情勢を反映して，失業者を派遣するケースで特別な規制緩和を図るものであった。具体的には，第一に，直前に失業者であった労働者を派遣するケースでは，均等待遇原則に例外の余地が認

---

[8]　ハルツ改革については，さしあたり，名古道功「ドイツ労働市場改革立法の動向——ハルツ四法と労働市場改革法を中心に——」金沢法学48巻1号（2005年）67頁以下，橋本陽子「第2次シュレーダー政権の労働法・社会保険法改革の動向——ハルツ立法，改正解雇制限法，及び集団的労働法の最近の展開——」学習院大学法学会雑誌40巻2号（2005年）173頁以下，および，労働政策研究報告書 No.69『ドイツにおける労働市場改革——その評価と展望——』（労働政策研究・研修機構，2006年）7頁以下［執筆者：野川忍］を参照。

められた。この第一の例外は、賃金水準について均等待遇原則を適用除外するにとどまり、期間も最初の6週間に限られるなど、いわば、わずかな例外を認めたものにすぎない。これに対して、より重要なのは第二の例外、すなわち、労働協約によって、均等待遇原則から逸脱する余地が認められている点である。協約による場合、「別段の定め」について内容や期間の限定はない。さらに、労働協約が定める範囲内であれば、非組合員あるいは使用者団体に非加盟の派遣元であっても、個別労働契約で労働協約の基準を援用することまで認められている。

このような法制度のもとで、実務では、先ほどの第二の例外、なかでも、個別合意によって協約基準での労働条件を援用することが一般化している。ただ、均等待遇原則による基準、つまり、派遣先の同種の直用労働者の労働条件と比較すると、協約で定める労働条件の水準は低く、学界からは根強い批判がある。その背景には、労働組合のなかで派遣労働者の代表を欠き、適切な利益調整が図られていないという考え方がある。

現在のドイツ法の特徴は、均等待遇原則が、単に労働条件の向上を図るという私法的な規制にとどまらず、許可制度と関連づけられている点にある。つまり、派遣期間に対する制限は撤廃されたものの、均等待遇原則と許可制度との関連づけによって、法違反の場合に直接雇用へと誘導する仕組みが残されている点をみると、直用重視という根底的な部分では、従来の制度と変わりがないとみる余地もある[9]。ただ、実際には、均等待遇基準が守られているとはいい難

---

9) もっとも、近年では、許可制度の相対的な重要性は低下している可能性が高い。ドイツ法は、労働者保護という観点もふまえて派遣元の法的責任を強化する一方で（均等待遇原則の導入）、常用型派遣については、徐々にではあるが、職業紹介との関連性をむしろ切断する方向で制度改革を進めているとみることができる（期間制限の撤廃など）。一方、職業紹介と類似した機能をもつ登録型派遣については、規制緩和によって利用の余地が拡大しており、これを例外視することは難しくなってきている。さらに、派遣法の制定当時とは異なって、民営職業紹介事業に対する法規制そのものが根本から見直されてきていることも看過できない（民営職業紹介事業の積極的な位置づけへの転換）。要するに、派遣法で重視されてきた、適法な労働者派遣と違法な職業紹介とを峻別し、派遣労働関係が違法と評価される場合には直接雇用へと強力に誘導していくという考え方も、質的にみると大きく変化してきている。したがって、今後の法改正のなかで、許可制度と直接雇用への誘導策がどこまで維持され、また、それが実質的にも機能しているのかという点には、十分に注視しておく必要がある。

い状況にあり，利益調整のあり方が問題となっている。

Ⅳ　法規制の異同と背景事情

1　規制の異同

　以上のように，オランダとドイツのいずれでも，伝統的には，公法的な規制を中心として，労働者派遣を臨時的・一時的なものに限定することで，既存の雇用慣行への影響を軽減するという考え方がみられた。しかし，こうした法制度のもとで，派遣労働者の法的地位が不明確である，あるいは，失業問題を背景に規制緩和を進めた結果，労働者派遣の臨時性に疑念が生じるなかで，両国とも，現在では，派遣労働者個人の権利に着目した立法政策へと転換が図られている。両国の法制度において，「常用代替防止」という考え方は，もはや規制の主たる目的ではないし，労働者派遣について，臨時的・一時的なものに限定すべきといった強固な考え方もうかがえない。具体的な規制手法をみると，少なくとも派遣労働者のニーズと反しない工夫がみてとれる。

　もっとも，オランダとドイツの両国ともに，現在でも，比較的に厳格な解雇規制を中心に雇用の存続保護を重視する労働法制を維持しており，こうした法体系のなかで，労働者派遣の弊害をどのように軽減するのかが問題となる。この点，オランダとドイツでは，異なるアプローチが採用されている。まず，オランダ法では，労働者派遣のマッチング機能を重視し，有期労働に対する規制（出口規制）を一定期間及ぼさないことで，派遣を利用しやすくすると同時に，均等待遇原則によって労働条件の向上が図られている。こうした法制度のもとで，間接雇用について特に問題視はされておらず，直接雇用への誘導もみられない。他方，ドイツ法をみると，伝統的に，許可制度や期間制限を設け，規制に違反した場合に派遣先での直用を義務づけるなど，直接雇用へと強力に誘導する政策がとられてきた。たしかに最近では，マッチング機能を重視して，期間制限の撤廃などの規制緩和が進められている。しかし，許可義務を中核として依然として厳しい規制があり，間接雇用に肯定的なわけでもない。

個別報告②

2　背景事情

　オランダ法もドイツ法も，共通してみられるのは，雇用の存続保護を重視しながらも，労働力の需給マッチングの観点から労働者派遣の機能を積極的に認め，そのうえで，派遣労働者のニーズに反しないかたちで，最終的には安定的な雇用へと誘導する政策がとられていることである。このような政策の背景には，無期の直接雇用だけでは失業問題や就労形態の多様化の要請に対応できないけれど，他方で，解雇規制を中心とする法体系との調和も無視できないという事情がある。こうして，オランダでは，間接雇用のまま労働条件の向上を図ることが重視され，ドイツでは，派遣労働条件の向上と同時に，直接雇用へと誘導する仕組みも残されている。両国の規制が異なる背景には，①それぞれの有期労働法制の違いのほか，②均等待遇原則によって，どこまで雇用平等が浸透しているかの違いがあると考えられる。

(1)　有期労働法制の違い

　まず，オランダとドイツの両国ともに，法制度としてみれば，厳格な解雇規制のもとで雇用の存続保護が重視されている点で共通している。こうした法制度の下では，有期雇用や労働者派遣のような柔軟な労働力の利用に対して，解雇規制とのバランス上，どのような法規制を及ぼすかが問題となる。

　この点，オランダ法をみると，有期雇用は，それが反覆継続する場合に無期雇用へと転換する（3×3×3ルール）。しかし一方で，有期労働契約の締結や更新の理由は問われず，柔軟な労働力利用そのものを制限する考え方はみられない。このような法体系のなかでは，労働者派遣のケースでも，派遣元の雇用責任を事後的に追求することが一貫的な規制といえる。こうしてオランダでは，労働者派遣の開始段階で，有期雇用による登録型派遣も含めて広く認めつつ，一定期間の経過後には常用型派遣へ転換させることで，雇用の存続保護が図られているのである。

　これに対して，ドイツでは，伝統的に，有期雇用の利用そのものが制限されてきたという事情がある。たしかに，近年では，立法による規制緩和が進み，有期雇用の利用に「客観的理由」を問わないケースが拡大され，いわば，入口規制から出口規制への移行段階にある。しかし，少なくとも伝統的には，ドイ

ツでは，労働力を柔軟に利用することそのものに対してネガティブな考え方があるといえよう。現在，ドイツでも，登録型派遣が完全に否定されるわけではない。しかし，有期雇用の利用についてはパートタイム・有期労働契約法の制限を受けることから，契約を短期間で更新するという登録型派遣の利用は，実際には困難な状況にある。こうした法制度は，臨時的労働力の利用そのものを制限してきた法体系と整合的なものと評価できる。これに対して，期間制限の撤廃により，常用型派遣であれば間接雇用も広く認められているが，それでもなお，ドイツ法で直用化が重視されているのは，次の第二の理由があると考えられる。

(2) 均等待遇の違い

すなわち，第二の点につき，オランダとドイツの両国ともに，派遣労働者と派遣先の直用労働者との均等待遇原則が規定されている点では共通する。この点，解雇規制を中心とする法体系のもとでは，雇用の存続保護のあり方のほか，労働条件に対する規制が重要となってくるが，均等待遇原則は後者の中核を担う規制である。そして，同原則は絶対的な平等論や差別禁止立法と類似する面もあるので，その異同を分析する必要がある。

まず，均等待遇原則の導入経緯をみると，オランダ法については，はっきりしない部分もある。均等待遇原則が導入された当時は，派遣労働者の賃金額の低さは問題とされておらず，むしろ，派遣労働者が，税や社会保障費用の支払いを回避しながら，直接雇用の場合よりも高額な賃金を得ていたという事情があるからである。一方，ドイツ法では，派遣期間の延長・撤廃にともなって均等待遇原則が導入されている。立法資料によると，派遣労働者にとっての労働条件の改善だけではなくて，同時に，長期間の派遣による「賃金水準のダンピング」を防止するという，直用労働者の利益に対する配慮もみられる。これらの点からすると，均等待遇原則には，派遣労働者の処遇改善と同時に，直接雇用を中心としてきた既存の雇用慣行との調和を図ることも期待された，と推察される。この点，労働者派遣における均等待遇原則には，労働協約による「別段の定め」が当初から予定されている点で，他の雇用上の差別禁止立法とは根本的に異なる考え方がみられる。そして，実際にも，オランダ，ドイツのいず

れでも，派遣労働者の圧倒的多数は，労働協約によって，均等待遇原則とは異なる規制に服している状況にある。[10]

以上の点からすると，労働者派遣において均等待遇原則と呼ばれているものは，絶対的な平等を志向したり，あるいは理念主導的に均等待遇を強力に推し進めるものではなくて，むしろ，当事者間で利益調整を図るための「準則」として位置づけることが適切であろう。こうした前提のもとでは，均等待遇原則を軸に，実際にどのように利益調整が図られているのかによって，労働者派遣制度そのものに対する評価も異なるはずである。このような視点でオランダとドイツの法制度を比較検討すると，両国ともに，均等待遇「原則」よりも，労働協約による「別段の定め」が重要な役割を果たしている点で共通している。しかしながら，両国では，この「別段の定め」の実態が異なっており，こうした違いが，有期労働法制の違いと相まって，直接雇用を政策的に重視するかどうかという点で規制の差違を生み出している，と考えられる。

まず，オランダでは，派遣労働者の9割以上が，労働協約によって労働条件を決定されている状況にあり，利益調整としても適切なものだと考えられている。具体的に労働協約をみると，派遣就労期間に応じて，派遣労働者の法的保護を強化する制度となっており，前述した雇用保障の問題と同様に，継続雇用の事実と労働条件の向上とが関連づけられている。一方，ドイツ法も，労働協約による集団的規制を重視する点で，枠組みとしてはオランダ法と大差はない。判例によると，均等待遇原則は，労働協約による「別段の定め」の余地があるからこそ，協約自治に適合するものとして合憲性を認められている。[11] ただ，オランダと比較すると，ドイツ法では，労働協約の定める範囲内で，協約の規範的効力の及ばない派遣労働者についても（つまり，非組合員のケースや，使用者が協約締結団体に非加盟のケースであっても），個別合意によって労働協約の基準を援用することが認められている。こうした制度は，本来であれば例外的なもの

---

10) ドイツ法について，*Bayreuther,* Tarifpolitik im Spiegel der verfassungsgerichtlichen Rechtsprechung – Zum „equal-pay" – Beschluss des BVerfG, NZA 2005, S. 343.; *Promberger,* Leiharbeit – Flexibilität und Prekarität in der betrieblichen Praxis, WSI-Mitteilungen 5/2006, S. 263.：オランダ法について，ABU Jaarverslag 2009。

11) BVerfG 1, v. 29.12.2004, AP Nr 2 zu §3 AEntG.

であるが,実務上は一般化している。しかし,労働協約による労働条件の水準は低く,その原因として,派遣労働者の組織率の低さや利益代表の欠如が指摘されており,労働協約による利益調整の正統性が疑問視される状況にある。[12]こうした状況下では,間接雇用としての固定化は望ましくない。ドイツ法で,派遣期間に対する制限を撤廃しながらも直接雇用へと誘導する仕組みが残されている背景には,このような事情があるのであろう。

V 比較法からの示唆

 それでは,以上でみた両国の動きは,日本法における解釈論,立法論において,どのような示唆を与えるものか。この点,雇用保障と派遣労働条件とで区別してみると,たしかに,雇用保障については,現在でも派遣元が責任を負うし,他方,派遣労働条件の点では,オランダのように均等待遇が徹底されるならば,間接雇用を問題視する理由はないともいえる。
 しかし日本では,企業毎に労働条件の格差が大きく,均等待遇が一般化しているとはいい難い。たしかに,それでもなお,均等待遇を強力に推し進めるべきという立場もあり得る。しかしながら,ヨーロッパ諸国で一般化しつつある均等待遇原則は,職務給制度を前提とするものであって,そもそも賃金決定システムの大きく異なる日本で十分に機能させるためには,多大な困難が伴うと考えられる。オランダやドイツでは,産業レベルでの職務格付けが明確に存在し,同一職務間での均等ないし均衡の比較が可能であるのに対して,日本ではこうした前提を欠くからである。しかも,オランダやドイツの法制度をみても,労働者派遣において均等待遇原則と呼ばれているものは,当事者間の利益調整をねらいとする「準則」程度のものであって,絶対的な平等取扱いを志向したり,あるいは,差別禁止という観点から強力に推し進められているものでもな

---

12) この問題を紹介する日本語文献として,川田知子「ドイツ労働者派遣法における均等待遇原則の機能と限界」季労225号(2009年)111頁,同「ドイツ労働者派遣法における均等待遇原則の憲法適合性」亜細亜法学44巻1号(2009年)191頁,橋本陽子「最低賃金に関するドイツの法改正と協約遵守法に関する欧州司法裁判所の判断」学習院大学法学会雑誌45巻1号(2009年)1頁も参照。

い。こうした状況からすると，現在の日本で，均等待遇を強力に推し進め，それを軸に労働者派遣制度を再構築することは適切でないと考えられる。[13]

　もっとも，無期の直接雇用と派遣とでは，雇用保障と賃金という重要な労働条件について顕著な格差がある点も軽視できない。したがって，当面の間は，ドイツ法のように，派遣を直接雇用へと誘導する仕組みが，格差の固定化を防ぐために重要な政策となろう。ただし，その政策は，第一に，派遣期間の制限や登録型派遣の禁止といった，派遣労働者の就労を制限する「規制」ではなくて，派遣先を含めた当事者に，安定的な雇用を選択するよう制度的なインセンティブを与えること，そして第二に，こうした柔軟な法制度のもとで，派遣労働者の職業能力を向上させることで，市場における地位の改善を支援することに力点を置くことが適切であるように思われる。派遣労働者のなかには，積極的に直接雇用を希望する者だけでなく，派遣の迅速で多彩なマッチング機能を期待する者もいるなど，利益状況が一様ではないからである。直用化を重視してきたドイツ法でも，期間制限などの画一的な規制は撤廃されてきており，これは，派遣労働者のニーズを反映するための工夫とみることもできよう。

　以上に述べた観点からすると，現在の労働者派遣法は，次のように評価できる。まず，法律の根底にある考え方は，派遣を臨時的・一時的なものに限定することで，常用代替の防止を図るというものである。こうした規制は，正社員の保護と派遣労働者の保護という2つの目的を含んでいるが，派遣がすでに一般化し，格差が問題となっている現在では，後者に重点を置くべきであろう。そうすると，現在の法規制のうち，派遣対象業務による規制の区別や派遣受入期間の制限は，派遣労働者の意思や能力と無関係であり，個々の派遣労働者のサポートという観点からは正当化できない。同様に，登録型派遣を一律に禁止するような政策も適切でない。特に日本法は，従来のドイツ法のように有期雇用を入口段階で規制しておらず，法体系上，登録型派遣を禁止する理由に乏し

---

13) これに対して，たとえば努力義務規定をはじめ，いわゆるソフト・ローによって均等待遇（または均衡処遇）を定めるという立法政策であれば，筆者の立場からしても強く反対する理由はない。とはいえ，このような効果が不明確でゆるやかな規制であれば，やはり，労働者派遣制度を再構築する際の基軸とはならないというべきだろう。

いといえる。

　しかし他方で，派遣の利用により労働法の規制が回避され，そうした不当な競争圧力によって，とりわけ，派遣を非自発的に選択した労働者の格差が固定化することは防止する必要もある。こうした観点からは，最近の法改正の議論のなかで，労働契約に応じて登録型と常用型とを再整理し，規制を異ならせることが志向されている点は，制度の方向性として支持されるべきである。登録型と常用型では，派遣労働者に必要な法的保護も異なるからである。まず，常用型派遣は，派遣元での雇用継続を尊重すべきであって，派遣先での直用化を図る必要性は低い。派遣期間の長短も問題とすべきではなく，解雇・雇止め法理により，派遣元での雇用の存続保護を図る解釈論を徹底すれば足りるように思われる。他方，登録型派遣については，派遣期間と雇用期間とが一致する点で，派遣労働者の地位が不安定となる原因は，派遣先の事情によるところが大きい。登録型派遣では，濫用的な利用を防止する観点から，期間制限を維持し，派遣先での直用化を擬制したり，直接雇用の申込義務を立法化する余地がある。以上のほか，解釈論（あるいは立法論）として，派遣先の欠員に関する情報提供義務を課すこともあり得る。これは，派遣労働者の直用化を支援するという観点から，常用型にも認めるべきであるが，登録型と比較すれば必要性に乏しく，義務の程度を異ならせることが適切だと考えられる。

VI　ま　と　め

　現在の労働者派遣法をみると，常用代替防止の観点から，上限期間や対象業務の制限など，派遣先の直用労働者の利益を重視する規制が数多くみられる。他方で，現行法には，労働者の権利という視点から，個人としての派遣労働者に法的サポートを及ぼすという考え方は希薄である。しかしながら，労働者派遣には労働力の需給マッチング機能があり，今後，ますます労働者間の利益状況が多様化すると予想されるなか，労働者個人に着目し，そのニーズに反しないかたちで，既存の法制度とのバランスを図る立法政策が重要となる。

　この点，解雇規制を中心として，雇用の存続保護を重視してきた日本法のも

とでは，派遣労働者に対しても何らかの雇用保障が必要となる。具体的には，常用型派遣に対しては，解雇規制を十分に機能させる解釈論を徹底するとともに，雇用の存続保護が困難である登録型派遣については，濫用防止を図ることが重要となる。一方，日本の有期労働法制に照らせば，登録型派遣を全面的に禁止するという主張は，少なくとも法体系上の整合性を欠く。同様に，ヨーロッパ諸国で一般化しつつある均等待遇原則についても，①同原則は職務給制度を前提とするが，日本ではこうした基盤を欠くこと，②そして，労働者派遣における均等待遇原則は，それほど強力に推進されているわけではないこともふまえると，日本でただちに導入することは適切ではない。労働者派遣制度は，各国の雇用システムと密接に関係しており，諸外国の制度の一部分だけを切り取って導入することは避ける必要がある。

　こうした観点から，今後，日本で必要とされる法制度の枠組みを考えると，①労働者派遣について，公法的な観点から画一的に禁止・制限するのではなくて，②労働契約に応じて登録型と常用型とを再整理したうえで規制を区別し，当事者に常用型の利用を選択するインセンティブを与えること，③具体的に，登録型では短期的なマッチング機能を尊重しつつ，雇用の存続保護の点で派遣先にも責任を課すこと，④均等待遇の実現が当面困難なことから，常用型を含めて，緩やかなかたちで，直接雇用へと誘導する仕組みを設けることが適切であるように思われる。

　　　　　　　　　　　　　　　　　　　　　　（ほんじょう　あつし）

フランスにおける企業倒産と解雇

戸 谷 義 治

(日本学術振興会)

I　はじめに

　企業倒産時の労働関係の処理について，制度をどのように構築するか，またそもそも企業倒産時に特有の規制が必要であるのかについては，様々な問題が含まれている。わが国においては，解雇に関して，僅かに破産時の双方解約権について定める民法631条がある程度で，特段の立法上の措置は執らず，専ら裁判の運用に委ねられている[1]。そして，立法が全体的にこの問題に無関心で，関連する各種法令の間でも整合性に乏しいため，訴訟になる事件が比較的少ないこととも相俟って，実際の事件となると当事者の予測可能性を著しく低下させる結果となっている。その点で，こうした問題について，フランスは立法上の各種の手当をしており，その制度は大いに参考になるものと思われる[2]。

　フランス法を検討する上で特に重要と思われるのは，裁判所の役割分担の問題である。すなわち，フランスにおいては，基本的に商事裁判所が倒産手続を実施するが，同時に解雇の問題については一般に労働事件を審理する労働審判所の権限に属する。わが国やフランスに限らず多くの国において倒産手続の全部または一部が司法機関たる裁判所において実施されているが，そのような裁判所における各種の倒産手続上の決定が，その後争われる解雇の司法審査に一定の影響を与えるものであるのか否かという問題が生じることになる。わが国倒産法では，この問題に倒産手続実施裁判所が関与するか否かは当該裁判所の

---

[1]　戸谷義治「会社倒産と解雇」季刊労働法224号（2009年）76頁参照。
[2]　これまでの研究として，川口美貴「フランスにおける企業倒産と労働者保護」季刊労働法201号（2002年）143頁。

個別報告③

選択によるが（会社更生法72条2項10号等），フランスにおいては解雇を実施する場合には常に当該解雇自体もしくは当該解雇を含む更生計画は，解雇対象職種および人数について倒産手続実施裁判所たる商事裁判所主任裁判官の許可を得ることを要する。そうすると，例えば一方では倒産手続実施裁判所において一定数の解雇を許可する決定がなされ，他方で現に解雇された労働者が労働裁判所に訴えた場合に当該裁判所が翻ってこれを無効もしくは違法であると判断する可能性がある。フランス倒産法においては，商事裁判所は管理人からの請求により，解雇されるべき職種および人数のみについて許可を行い，この点については労働者代表機関たる企業委員会または従業員代表のみが異議申立てによって争うことができる。しかし，許可に基づいて解雇された労働者が労働審判所に対して解雇無効を求めることができるのか，求めることができるとして労働審判所は商事裁判所による許可自体の適法性や合理性についてまで審理することができるのか，それとも許可自体の適法性を前提として個々の労働者に対するその適用の適否のみを審理できるだけなのか，大きな問題となった。

すくなくとも労働関係に関する限り，異なる裁判所が重複して事件を審理することが生じ得る事態は，倒産手続の場合以外にはほとんど見られない。その意味で，裁判所の権限分配は倒産手続における解雇の問題を考える上で，その特殊性を際だたせるものであり，単に不当に解雇された労働者をいかに救済するかだけではなく，倒産手続実施裁判所が労働関係に対してどのような権限や責任を担っているのか，また労働者だけでなく手続に関係する債権者等の利益にも大きく影響する手続の迅速性の観点から倒産手続における解雇の問題をどのように処理することが効率的であるのかといった事柄を検討する重要な視点を提供するものであるといえる。

以下，フランスの倒産手続を概観した上で，各裁判所がどのような役割を果たしているのかにつき，紹介したい。

II フランス倒産法制の概要

フランスの現行倒産法制は，1985年1月25日企業の裁判上の更生および清算

に関する法律（Loi no85-98 du 25 janvier 1985 relative au redressement et à la liquidation judiciaires des entreprises）[3]が数次の改正と商法典への法典化を経て，商法典第5巻を中心として規定されている。現在のフランス倒産法制の特徴として，労働関係の処理をその中に一定程度取り込んでいることがあげられる。現行法は労働関係も倒産法制の重要な一部としており，条文上も明らかにされている[4]。

1985年法制定当初から用意された倒産手続としては，会社更生（redressement judiciaire）および法的清算（liquidation judiciaire）がある。前者は，わが国における会社更生手続に類似する制度であり，後者は破産に類似する制度である。制度創設当初は，会社の清算によって社会の利益が損なわれることを回避するために，支払停止の状態に陥った会社に対してはまず，会社更生手続を進行させることが原則とされたが，実際には，再建が成功するのは全体の1割程度に過ぎなかったことなどから，1994年の改正に際して，再建が不可能であることが明白な場合には，裁判所は，はじめから清算手続を開始するできることとされた[5]。

更に，2005年の会社援助に関する法律によって倒産法が一部改正され，会社援助手続（sauvegarde des entreprises）が導入された。これは，わが国における民事再生に類似する制度で，管理人が任命されるものの，再建作業自体は倒産者自身によって実行されるのが原則である[6]。

3）　佐藤鉄男・町村泰貴「1985年のフランス倒産法に関する法文の翻訳」(1)北大法学論集38巻3号（1988年）164頁，(2)同4号（1988年）440頁，(3)同39巻1号（1988年）248頁，(4)同3号（1988年）324頁。Entreprises en difficulté et droits des travailleurs, Le droit ouvrier 1985, p. 155; Henry Blaise, La sauvegarde des intérêts des salariés dans les entreprises en difficulté, Droit Social 1985, no6, p. 449 参照。

4）　経済・企業活動の継続や債務の弁済だけでなく，「雇用の維持」が，会社援助手続（商法典L. 620―1条）や会社更生手続（同L. 631―1条）の目的であることが法律上明記されている。

5）　1994年改正については，西澤宗英「一九九四年フランス倒産法改正について」青山法学論集36巻2・3合併号（1995年）189頁。

6）　2005年改正法については，小梁吉章『フランス倒産法』（信山社，2005年）参照。

個別報告③

Ⅲ　会社援助手続の創設と解雇規制

1　会社援助手続

　前述のように，2005年法によってフランス倒産制度中に会社援助手続が創設された[7]。これは，1994年改正によって債権の見込みのない倒産企業に対して直ちに清算手続を開始することができるようになり，手続の不効率は一定程度改善されたものの，再建の余地がある企業について必ずしも効果的に再建が進まず，結局清算のやむなきに至る事例が少なくないとの認識によるものとされる[8]。ただ，年間5万件前後の倒産が申し立てられる中で，同制度は2006年が507件，2007年が520件，2008年が706件と，利用は全く進んでいない[9]。これには，様々な理由が考えられるが，立法審議当初から従業員数の削減について，倒産手続であるが故の制約の緩和を図らないことが明確にされていたことからも明らかなように，人員調整による再建が困難であることが考えられる。

　商人等であって支払停止に陥るおそれのある者は，裁判所に対して，会社援助手続の開始を申し立てることができる。他の2つの手続が支払停止を手続開始の要件としているのに対し，会社援助手続では再建をより容易にするため，その虞のみで手続を開始できることとしている。手続開始の申立てがなされると，裁判所は債務者および企業委員会等を審尋した上で，手続開始の可否を判断する（L. 621—1条）。手続が開始されると，裁判所は企業委員会等に対して倒産手続の場合にだけ労働者を代表する，労働者代表（représentant des salariés）を選任するよう勧告し，併せて必要により企業の経営を監督，支援する管理人（administrateur）や債権者を代表する法定代理人（mandataire judiciare）等を選任する。手続は，まず観察期間が設定される（L. 621—3条以下）。観察期間は6ヶ月以内で当該企業の財産状況等を調査し，雇用経済調書をはじめと

---

7) 細川良「フランスにおける倒産法制の変容と労働法」季刊労働法222号（2008年）94頁参照。
8) Xavier de Roux, Rapport Assemblée National, no2095, p. 10.
9) AGS, Rapport d'activité 2008, p. 4.

する資料を作成し，再建のための援助計画を策定する。観察期間中の経営については，そのまま当該企業の経営者がこれを遂行し（L. 622—1 条），援助計画については管理人が作成する。

援助計画には，事業の継続の可能性とその方法，資金調達の手段と併せて，必ず雇用の水準と見通し，特に計画の実施に際して従業員の解雇が必要となる場合には，既に解雇回避のためにとられた手段を説明し，解雇対象となる従業員の再就職や補償を容易にするための手段を定めなければならない（L. 626—2 条）。

2 会社援助手続における解雇規制

会社援助手続における解雇は，特に当該手続に特有の規制は定められておらず，通常時の経済的理由による解雇の規制に服する[10]。これは，まず提案者たる政府が，会社援助手続はあくまでも倒産予防手段であって倒産手続そのものではないと説明していたことによる。そして，政府としては倒産手続ではないと説明した以上，従来の倒産手続特有の解雇規制を会社援助手続で踏襲することはできず，また会社援助手続に改めて特別の解雇手続を設定することについては政府部内でも意見の統一が図れなかったことなどによる。また，会社援助手続は本来的に従業員の大量整理を行うために利用されるべき制度ではないのであって，解雇には通常解雇法が厳格に適用されるべきで，会社更生のような特段の規制緩和は行われるべきではないとした上で，議会がそのような選択を行えば結局，企業経営者はその必要と考える剰員整理を迅速に行うことができず，会社援助手続の申立てができなくなるのではないかとの疑問に対して，迅速かつ大量の解雇を必要とするのであれば，会社更生が用意されているのであるから，そちらを利用すべきで，会社援助手続における解雇の要件を緩和する理由にはならないと説明されている。更に，より実質的な問題として，会社が支払停止にまでは至っておらず，また従来からの経営者がそのまま経営を継続する中で，仮に会社援助手続における解雇の要件を会社更生手続と同程度まで緩和

---

10) Pierre-Michel Le Corre, Droit et Pratique des Procédures Collectives, 5em ed, Dalloz 2009, p. 692.

個別報告③

し、使用者による解雇もしくは労働条件の引き下げを容易ならしめれば、再建に向けて従業員代表機関と協議し、その協力を取り付けることが困難になることが予想され、その点からも解雇要件の緩和は妥当ではないとしている[11]。

このように、会社援助手続において、解雇の有効要件を緩和しないとの判断は、倒産企業の財務状況によって解雇の在り方を考える上では参考になるものと思われる。しかし、わが国でも民事再生が開始され、多くの解雇を実施せざるを得ない例は多く見られる[12]。いかに支払停止にまでは至っていなくとも、事業場の閉鎖や、それに伴う大量の解雇が必要となる場面が生じることは想像に難くなく、にもかかわらずそれが他の倒産手続に比して制約されることとなれば逆に再建の道を狭めて、より多くの雇用を危険にさらすことにもなりかねない。このことは倒産手続の中で会社援助手続の利用が僅かに1.5％程度であることからも見て取ることができると思われる。その意味で、倒産手続の種類と解雇規制の在り方は、今後より一層の検討が必要である。

Ⅳ 倒産手続開始後観察期間中における解雇

1 会社更生手続

次に、会社更生の場合について、見ていきたい。会社更生は、支払停止の状態の企業について開始される（商法典 L. 631―4条以下）。

更生手続が開始されると、裁判所は、企業委員会等に労働者代表の選任を勧告し、管理人や法定代理人を定める。管理人は、名称としては会社援助手続と同じであるが、実際には、手続の開始と同時に会社経営者の財産管理権はほぼ全て制限され、この管理人が財産管理を行うことになる（L. 631―12条以下）。また、裁判所は、観察期間を設定し、同期間中に管理人は債務の一覧や雇用経済調書等の資料を作成して裁判所に提出する。観察期間中に作成された資料を

---

11) Xavier de Roux, op. cit., p. 53.
12) 最近の例では、北海道内最大の百貨店であった丸井今井百貨店は民事再生手続を開始した後、従業員約1500人のうち4割にあたる約600人を削減している（北海道新聞朝刊平成21年5月1日付1面）。

もとに，管理人が更生計画を作成することとなる。

2 会社更生手続の開始と労働契約の帰趨

まず観察期間の開始が労働契約の解消をもたらすものではないことは，争いがない[13]。

そのため，労働契約については，仮にある労働契約を解約することが再建に有益となるような場合にも，当該労働契約は他の契約類型のような管理人の選択権の対象とはならず，それによって解約されることはない[14]。原則としては，後述の更生計画によって必要な解雇は実施されるべきものと言える。しかし，実際には，観察期間中に人員整理を実施しなければ再建自体が実行できない事態も大いにあり得る。そこで，管理人は，解雇が必要と思料する職種および人数を示した上で，当該解雇が緊急，不可避かつ不可欠であることを証明し，主任裁判官から許可を得ることで，解雇を実施することができる（L. 631—17条）。この場合，管理人は，労働法典の定めるところに従い，企業委員会等と協議するとともに，解雇人数に応じて，再配置計画等の策定を行わなければならない[15]。

許可を受けると，管理人は，許可を受けた範囲で，具体的な被解雇者を選定し，解雇を実施する。許可を受けることなく解雇が実施された場合には，当然に当該被解雇労働者は損害賠償を請求することができる[16]。

3 解雇許可に対する異議と個別解雇紛争の処理

裁判所が解雇を許可する場合，当該許可は，企業委員会等に対して通知され

---

13) Pierre-Michel Le Corre, op. cit., p. 684.
14) Ibid., p. 684. 労働契約以外の契約については，管理人が当該契約の継続又は解除を選択できる（L. 622—13条，L. 631—13条）。
15) 再配置義務の不履行を理由として，被解雇労働者からの損害賠償請求が認められた例として，Cass Soc. 1er mars 2000, no97-45977, NPT Gaz Pal. 2000, pan. 14 à 16 mai 2000, p. 28.
16) 許可を受けることなく解雇が実施され，その後許可を受けることができたとしても，損害賠償の対象となるとした例として，Cass Soc. 3 mai 2001, no99-41813, Bull. civ V, no151; JCP E 2001, pan. p. 1075. ただし，許可に先立って人選など解雇に先行する手続を開始すること自体は解雇の効力や損害賠償に関わる問題を生じさせない（Cass Soc. 18 juin 1997, no96-40279, Bull. civ V, no226; Rev. proc. coll. 1997, 352）。

個別報告③

る。当該許可について企業委員会は，通知を受けたときから10日以内に異議の申立てをすることができる（商法典 R. 631—26条2項）。これに対して，労働組合については，通知もなされず，また組合が許可を知ることがあっても，異議を申し立てることは，実定法上の規定がなく，判例上も否定されている[17]。

通知を受け，異議の申立てをなし得るのは企業委員会のみであって，個々の労働者は通知を受ける立場にはない[18]。これについては，最終的に解雇された労働者が，解雇の大本とも言うべき裁判所の許可について争えないことは不当であるとして，批判があるが[19]，現在のところ，この許可は解雇される職種および人数を定めるのみで，具体的に誰を解雇するのかを定めるものではないため，労働者に通知がなされる必要はなく，また労働者はこれについて争い得ないとする判例が固まっている[20]。

このことから，企業委員会等が提起する異議申立てについても，裁判所の審理は，許可をした手続が商法典に照らして適法なものであったかに限られ，個々の労働者の事情について審理することは許されない[21]。

最終的に解雇された個々の労働者は自らの解雇についてどのように争うことができるであろうか。個々の労働者においてその解雇を争うことができるかについて，1985年法制定後，当初の下級審判例は否定的であった[22]。倒産手続が商事裁判所によって行われる以上，特に明文の規定がない限り，他の司法機関がその判断に関与することはできないとの判断によるものである。解雇について企業委員会が争わず，また許可の日から8日を超えてから当該許可について知るに至った労働者が，許可の無効を主張したのに対して1988年のパリ控訴院判決は，「当該決定の既判力により，解雇通知でしか労働契約の解除を知らされなかったと主張しているP氏は主任裁判官の決定がなされた手続に異議を唱

---

17) Philippe Lagarge, Laure Serfati, Frédéric Sicard, Procédures collectives et droit du travail, Nathan, 1990, p. 42.
18) Pierre-Michel Le Corre, op. cit., p. 684. Cass Soc. 5 mars 1997, no95-41230, D. 1997, 522, note E. Bailly.
19) Philippe Lagarge, op. cit., p. 44.
20) Cass Soc. 5 mars 1997, no95-41230, NPT.
21) Pierre-Michel Le Corre, op. cit., p. 684.
22) Philippe Lagarge, op. cit., p. 42.

えることはできない。」として，争うこと自体ができないと判断していた[23]。

しかし，破棄院は1989年,「労働法典 L. 511―1条によれば，解雇に関する争訟は労働審判所の管轄権に属し，また会社更生および裁判上の清算に関する1985年1月25日法45条によれば主任裁判官は緊急，不可避かつ必要不可欠な性質を示す経済的理由による解雇を許可することができるが，同裁判官は許可された解雇の人数および職業種別を定める命令によってこれを決定する。……〔当裁判所は〕これらの規定は当該命令の範囲において，労働審判所が解雇された従業員が使用者に対してなした請求を判断するための管轄権を有するものと判断する」とし[24]，また1990年には「主任裁判官の命令は，それが上訴の対象となっていなければ，1985年12月27日デクレ63条の適用において解雇が許可される労働者の数，対象となる職務上の活動および職種を定める。同条項によれば，労働審判所は，デクレ63条によって枠づけられている当該命令の範囲内において，被解雇労働者の個人的状況を見て，当該労働者から使用者に対してなされた請求について判断する権限をなお保有する。」として[25]，個々の労働者においても，解雇に関して争い得ることを明確にしている。

個々の労働者によって提起された異議申立てによって審査されるのは，本来，許可が適式になされたか，および解雇が当該許可に従ってなされたか，並びに個々の労働者に対して適切に再配置義務を尽くしたか否かであるが，破棄院社会部1998年3月3日判決が「労働審判所は，命令または判決の範囲内において，労働者の個人的な状況について管轄権を有する。特に，再配置義務の遵守の評価，並びに労働者代表機関との協議に関する違反の場合について管轄権がある。」と述べるように，結局の所，許可の内容を含めて全面的に審査の対象となるに至っている[26]。

---

[23] C. A. Paris, 18e D, 31 mai 1988, PRUD'HOMME c/FORMES NOUVELLES, no R. G. 30966/88.
[24] Cass. Soc. 3 octobre 1989, Soverni, Dictionnaire permanet social, Bulletin 364, no128.
[25] Cass. Soc. 6 mars 1990, SNC ROCCHIA PAIN, FROMENTIN ET AUTRES, arrêt no861 P.
[26] Cass. Soc. 3 mars 1998, no95-45374.

4 解雇を定める会社更生計画

次に,観察期間中に作成された資料に基づいて,管理人は更生計画を作成する (L. 626—9 条以下, L. 631—19条 I)。更生計画に記載すべき事項は,概ね会社援助手続の場合と同様であるが,雇用関係については,より詳細な記載が必要となる。すなわち,企業委員会等の意見を聴取し,県労働行政機関と協議した上で,特に計画認可決定後 1 ヶ月以内に実施予定の解雇について,職種および人数を詳細に規定しなければならない (L. 631—19条 II)。裁判所は,企業委員会等の意見を聴取した上で,許可の可否を判断しなければならない。

計画認可は商事裁判所が行い,それについては企業委員会等のみが異議申立てすることができる。個々の労働者の解雇について,労働審判所に審査権限があることについては,観察期間中の場合と同様である[27]。

倒産手続による解雇は,経済的理由による解雇の一種であると考えられている。そのため,原則として経済的解雇と同様の要件が課され,これを満たさなければ当該解雇は無効であり,損害賠償請求権を発生させる。

経済的解雇の有効要件は,①当該解雇が雇用の廃止,転換または労働者が拒否した労働契約の変更に起因すること,②雇用の廃止,転換または労働契約の変更が特に経済的困難または技術的環境変化のために実施されること,③当該労働者の教育訓練等を行っても当該企業または企業集団内での再配置ができなかったことの全てを満たすことが必要となる。

雇用の廃止が経済的困難に起因することについては,裁判所の許可によってその妥当性が一定程度担保されるが,③の要件,殊に再配置を試みる義務については,倒産の場合であっても何ら変わるものではなく,これを怠って解雇に踏み切れば,すなわち当該解雇は賠償の対象となる。

5 会社更生計画と事業譲渡

次に,更生計画において事業譲渡によって再建を図る場合が問題となる。すなわち,労働法典 L1224— 1 条は,事業譲渡等が行われる場合には,譲渡人と

---

27) Pierre-Michel Le Corre, op. cit., p. 701.

労働者との間で締結されていた雇用契約が自動的に譲受人に移転することを定め，この場合に事業譲渡等を理由として譲渡人が解雇を実施することを禁じている[28]。そこで，この規定が会社更生にも適用のあるものであるか，議論がある。もともと，立法者もその後の裁判所も会社更生については同条の適用に消極的であった[29]。更生計画に雇用水準を定めなければならないとの規定は，すなわちこれを定めて裁判所の認可を得れば解雇をなし得るというL1224—1条の例外を定めたものであること，またそもそも会社更生は人員削減を伴う事業譲渡等によって事業の再建を図ることが当然に予定されていることなどによる。現在においても，破棄院は原則として更生計画による事業譲渡の場合には同項の適用は排除され，ただし濫用的な場合にのみ適用を肯定するとの立場をとっている[30]。

V　法的清算における解雇

次に，観察期間を経て，再建が不可能または著しく困難であることが判明した場合，もしくは倒産の申立ての当初から再建が不可能であることが明白である場合に，法的清算が開始される。

会社清算の場合においても，再建型倒産，殊に観察期間におけるのと同様に，労働契約はそのまま継続される。すなわち，フランスにおける立法は，倒産，殊に事業活動の停止という事態においても，そのこと自体が解雇を直接にもたらすものではないことを明確にしているといえる。

清算人（liquidateur）が解雇を実施する場合の要件は，会社更生における観察期間中の解雇と同様である（L. 641—10条）。

ところで，会社更生によって事業譲渡が行われる場合には，労働法典L1224

---

[28] 同条については，野田進『労働契約の変更と解雇』（信山社，1997年）150頁，水野圭子「フランス・EU法における企業組織変動と労働契約の承継」日本労働法学会誌108号（2006年）169頁など参照。

[29] J.O., Débat du Sénat, 9 juillet 1987, no5229, p. 1092; Philippe Lagarge, op. cit., p. 42. Pierre-Michel Le Corre, op. cit., p. 47.

[30] Ibid., p. 685.

―1条が適用される範囲は極めて限定されていた。しかし，法的清算の場面では，基本的に事業継続のための人員整理を考慮する必要がない。仮に，事業譲渡を行うとしても，採算のとれない部門は清算し，そうではない部門のみを譲渡することも可能である。そのため，法的整理については，原則に戻り，同条の適用が肯定される[31]。

VI 商事裁判所・労働審判所の権限分配と解雇の効力

　倒産手続における解雇の問題については，上級審たる控訴院および破棄院を除くと，商事裁判所と労働審判所という管轄を異にする2つの裁判所が関与することとなる。

　商事裁判所は，倒産手続を実施し，解雇との関係では，管理人が実施しようとする解雇を許可，もしくは解雇を内容とする計画の許可によって解雇を統制している。労働審判所は，個々の労働者について，その解雇の有効性を判断する。

　既に見たように，まず商事裁判所が解雇されるべき職種および人数について許可を行う。この許可が不存在，もしくは実施された解雇が許可の範囲を逸脱している場合には，解雇は違法となり損害賠償を生じさせる。そして，この商事裁判所による許可については企業委員会や従業員代表など，従業員代表機関だけが通知を受け，またこれに対して不服を申し立てることができる。

　続いて，労働審判所は商事裁判所が解雇を許可する要件である，管理人等による再配置義務の履行など労働法典上の義務履行の有無や企業委員会等に対する審尋などについて手続上の瑕疵がないかなど，商事裁判所による許可が適正になされたか否かを審査し，許可が適正であれば解雇が当該許可に適合しているか否かを審査する。またこの労働審判所では，被解雇労働者が企業委員会の委員など法律上通常の労働者よりもより強く保護される労働者であったか，嫌がらせや差別などによる不公正な解雇でなかったかなど，個々の労働者の事情

---

31) Ibid., p. 689.

についても審理の対象となる。

　このように，倒産手続の中で行われる商事裁判所による許可と，その後に行われる労働審判所による審理とでは，問題となる対象も，また争訟の主体も異なる。前述のように，破棄院が労働審判所の審理対象を拡大したことで，商事裁判所と労働審判所との役割の区別は多少曖昧になったとはいえ，商事裁判所が，少なくとも解雇の規模については倒産手続を実施する裁判所として責任を負っているといえる。

Ⅶ　お わ り に

　企業倒産処理は迅速さが重要である。労働者については，賃金が長期に亘って遅配となれば生活への影響は重大であるし，解雇の問題も長期化すれば労働者個人にとっても社会にとっても不利益である。また，労働者以外の通常の債権者についても，倒産処理の遅れは連鎖倒産の可能性さえ含んでいる。その意味で，解雇についても手続の一部を簡素化し，また要件の審査を倒産手続実施裁判所たる商事裁判所に委ねるフランスの方式は合理的といえる。

　倒産手続における解雇の問題は，多くの場合，集団的な問題である。フランスは，制度創設当初の経済的解雇に対する行政許可制度の影響もあって職種や人数についてこれを商事裁判所の許可にかからしめたことは，この集団的な問題への対処としては合理的であった。また，許可に対する争い方としても，従業員代表機関たる企業委員会等のみが異議申立てができると言うことは，その集団的性質を表している。特に再建過程における解雇の規模の決定は，一種の経営判断であり，その妥当性を倒産手続実施裁判所が判定することは，十分に理由のあることであるし，またその限りで解雇に対する統制は倒産手続実施裁判所たる商事裁判所の責務に属しているといえる。

　確かに，現在のフランスにおいて一方で商事裁判所による解雇の統制を認めながら，他方で労働審判所による全面的な審査権限を許容していることは，一審の審理をする裁判所が別々に同じ問題を審理し，異なる結論を出し得る，もしくは一方の裁判所が終局的に決定した事項について他方の裁判所がはじめか

個別報告③

ら審理をやり直して実質的にこれを覆すことができると言うことであり，当事者の予見可能性を奪い，特に迅速性が求められる倒産手続においては非効率的であるし，司法権限の行使の在り方として疑問も残る。

　しかし，倒産手続における労働関係の処理の重要性に鑑み，全体的・集団的な問題について倒産手続実施裁判所たる商事裁判所に責任を負わせるフランスの在り方は，わが国における同様の問題を考える上でも参考になるものと思われる。

　　　　　　　　　　　　　　　　　　　　　　　　（とや　よしはる）

回顧と展望

偽装請負における請負業者の従業員と
　就労先企業との間の黙示の労働契約の成否　　　　　　　　　　　　　中島　正雄
　　　――パナソニックプラズマディスプレイ（パスコ）事件・
　　　　最二小判平21・12・18労判993号5頁――

退職後に顕在化した紛争に基づく団交応諾義務の成否　　　　　　　　池田　　悠
　　　――兵庫県・兵庫県労委（住友ゴム工業）事件・
　　　　大阪高判平21・12・22労判994号81頁〔要旨〕，労経速2065号3頁――

偽装請負における請負業者の従業員と就労先企業との間の黙示の労働契約の成否
―― パナソニックプラズマディスプレイ（パスコ）事件・最二小判平21・12・18労判993号5頁 ――

中　島　正　雄

（京都府立大学）

I　事実の概要

　X（原告，控訴人・被控訴人，被上告人）は，平成16年1月20日，請負業者である訴外Pに雇用され，Y（被告，控訴人・被控訴人，上告人）のI工場でプラズマディスプレイパネル（PDP）の封着工程に従事することになった。封着工程では，Yの従業員とPなどの請負業者の従業員とが混在して共同で作業を行っており，Xは作業についてYの従業員から直接指示を受けていた。

　Xは，平成17年4月27日，こうした就業実態が労働者派遣法等に違反しているとして，Yに直接雇用を申し入れたが，回答が得られず，同年5月11日，H労働組合に加入した。H労働組合は，Yに対し，Xへの直接雇用の申込みを行うよう団体交渉を申し入れ，その後，両者の間で協議が重ねられた。

　Xは，平成17年5月26日，I工場の勤務実態が職業安定法44条と労働者派遣法に違反する旨，大阪労働局に申告した。同局は，派遣法違反の事実を認定し，Yに是正指導を行った。これを受けて，Yは，封着工程を含むデバイス部門における請負契約を労働者派遣契約に切り替えることにした。これに伴い，Pはデバイス部門から撤退することとなり，XにI工場の別の部門に移るよう打診したが，Xは，Yの直接雇用下でデバイス部門の作業を続けたいと考え，同年7月20日限りでPを退職した。

　Yは，平成17年8月2日，契約期間を同月から平成18年1月31日まで，業務内容を「PDPパネル製造―リペア作業及び準備作業などの諸業務」と記載

した労働条件通知書をX側に交付した。Xは，契約期間と業務内容に異議をとどめた上で，雇用契約書に署名押印し，これをYに交付した。

YがXに命じた業務は，平成14年3月頃から実施されなくなっていた不良PDPのリペア作業であった。Xは，平成17年8月23日から，I工場内において，帯電防止用シートで囲まれた，他の労働者から隔離された作業場で，一人で作業に従事した。H労働組合は，X―Y間の労働契約を期間の定めのないものとし，Xを従前の封着工程に従事させることを求めて団体交渉を申し入れたが，Yはこれに応じず，平成18年1月31日の契約期間の満了をもって労働契約が終了する旨をXに通告し，同年2月1日以降，Xの就業を拒否した。

そこで，Xは，YによるXの雇止め（Xの主張によれば解雇）およびリペア作業への配転命令は無効であるとして，①Yとの間で労働契約上の権利を有することの確認，②賃金の支払，③リペア作業に就労する義務のないことの確認，④Yの一連の不法行為にもとづく慰謝料の支払を求めて，訴えを提起した。

第1審は，上記①ないし③のXの請求を認めず，④については，YがXにリペア作業を命じたことは不法行為に該当するとし，Yに慰謝料45万円の支払を命じた（大阪地判平19・4・26労判941号5頁）。第2審は，①ないし③のXの請求を認容し，④については，解雇または雇止めについても不法行為の成立を認め，合計90万円の慰謝料の支払いをYに命じた（大阪高判平20・4・25労判960号5頁）。これに対して，Yが上告した。

II 判旨（原判決を一部破棄，自判）

最高裁は，原審の判断のうち，①Yに対する損害賠償請求を一部認容した判断は是認できるが，②XとYとの間に平成17年8月22日以前から黙示の労働契約が成立していたものとし，YがXにリペア作業への従事を命じた業務命令およびYのXに対する解雇または雇止めをいずれも無効とした判断は是認できないとして，その理由を次のように述べた。

1　P・X・Yの三者間の関係

(1)　偽装請負における「請負人」・労働者・「注文者」の三者間の関係

「請負人による労働者に対する指揮命令がなく，注文者がその場屋内において労働者に直接具体的な指揮命令をして作業を行わせているような場合には，たとい請負人と注文者との間において請負契約という法形式が採られていたとしても，これを請負契約と評価することはできない。そして，上記の場合において，注文者と労働者との間に雇用契約が締結されていないのであれば，上記三者間の関係は，労働者派遣法2条1号にいう労働者派遣に該当すると解すべきである。そして，このような労働者派遣も，それが労働者派遣である以上は，職業安定法4条6項にいう労働者供給に該当する余地はない。」

(2)　P─X間の労働契約の効力

「Xは，平成16年1月20日から同17年7月20日までの間，……PによってYに派遣されていた派遣労働者の地位にあったということができ……，Yは，……労働者派遣法の規定に違反していたといわざるを得ない。」しかし，「労働者派遣法の趣旨及びその取締法規としての性質，さらには派遣労働者を保護する必要性等にかんがみれば，仮に労働者派遣法に違反する労働者派遣が行われた場合においても，特段の事情のない限り，そのことだけによっては派遣労働者と派遣元との間の雇用契約が無効になることはないと解すべきである。そして，XとPとの間の雇用契約を無効と解すべき特段の事情はうかがわれないから，上記の間，両者間の雇用契約は有効に存在していたものと解すべきである。」

2　XとYとの間の黙示の労働契約の成否

「前記事実関係等によれば，YはPによるXの採用に関与していたとは認められないというのであり，XがPから支給を受けていた給与等の額をYが事実上決定していたといえるような事情もうかがわれず，かえって，Pは，Xに本件工場のデバイス部門から他の部門に移るよう打診するなど，配置を含むXの具体的な就業態様を一定の限度で決定し得る地位にあったものと認められるのであって，前記事実関係等に現れたその他の事情を総合しても，平成17

年7月20日までの間にYとXとの間において雇用契約関係が黙示的に成立していたものと評価することはできない。」

3 本件雇止めの有効性

YとXとの間の雇用契約は一度も更新されていない上，契約の更新を拒絶する旨のYの意図はその締結前からXおよびH労働組合に対しても客観的に明らかにされていた。そうすると，上記契約は期間の定めのない契約と実質的に異ならない状態で存在していたとはいえず，Xが契約の期間満了後も雇用関係が継続されるものと期待することに合理性が認められる場合にも当たらない。したがって，Yによる雇止めが許されないと解することはできず，YとXとの間の雇用契約は，平成18年1月31日をもって終了したものといわざるを得ない。

4 リペア作業を命じたこと，および雇止めの不法行為該当性

Yは，平成14年3月以降は行っていなかったリペア作業をあえてXのみに行わせたことからすれば，大阪労働局への申告に対する報復等の動機によってXにこれを命じたものであるとした原審の判断は是認できる。さらに，Xの雇止めに至るYの行為も，申告に起因する不利益な取扱いと評価せざるを得ないから，Xに対する不法行為に当たるとした原審の判断も，是認できる。

なお，不法行為が成立する理由について，今井功裁判官の補足意見がある。

Ⅲ 検 討[1]

本件は，原審が偽装請負のケースにおいて請負業者の従業員（X）とその就

---

1) 本判決を検討した論文・判例研究には次のものがある。萬井隆令「松下PDP事件・最高裁判決の批判的検討」労働法律旬報1714号（2010年2月）6頁，宮里邦雄「偽装請負と黙示の雇用契約の成否」月刊労委労協2010年2月号47頁，豊川義明「違法な労務供給関係における供給先と労働者との黙示の労働契約の成否――規範的解釈の妥当性――」甲南法学第50巻第4号（2010年3月）225頁，大内伸哉「いわゆる偽装請負と黙示の労働契約の成否」ジュリスト1402号（2010年6月）150頁。

労先企業（Y）との間に黙示の労働契約の成立を認めたことから，社会的な注目を浴びることとなった。また，類似の事案がいくつも係争中であったことから，最高裁判決に注目が集まった。最高裁は，原審判決を，一部（不法行為にもとづく慰謝料の支払いをYに命じた部分）を除いて破棄し，X―Y間の黙示の労働契約の成立を認めず，また，X―Y間で締結された有期労働契約の雇止めを有効と判示した。以下，黙示の労働契約の成否に関する判断，およびその前提となるP・X・Yの三者間の関係についての判断を中心に検討する。

1　P・X・Yの三者間の関係

原審は，P―Y間の契約は労働者供給契約であり，P―X間の契約は労働者供給の目的を達成するための契約であって，各契約は締結当初から「職業安定法44条及び中間搾取を禁じた労働基準法6条に違反し，強度の違法性を有し，公の秩序に反するものとして民法90条により無効」であると判断した。

本判決は，この原審の判断を否定するが，まず，本件のような偽装請負のケースにおける「請負人」・労働者・「注文者」の三者間の関係について一般論を展開し，「請負人による労働者に対する指揮命令がなく，注文者がその場屋内において労働者に直接具体的な指揮命令をして作業を行わせているような場合」においては，「注文者と労働者との間に雇用契約が締結されていないのであれば」，三者間の関係は「労働者派遣法2条1号にいう労働者派遣に該当すると解すべきであ」り，「それが労働者派遣である以上は，職業安定法4条6項にいう労働者供給に該当する余地はない」とする（判旨1(1)）。次いで，本件の事実関係に照らし，P・X・Yの三者間の関係は労働者派遣の関係にあり，派遣法に違反するものであったと認定するが，「特段の事情」のない限り，派遣法に違反しただけでは派遣労働者と派遣元との労働契約は無効にはならず，本件に「特段の事情」はなく，P―X間の労働契約は有効であったと判示している（判旨1(2)）。本判決は，P―Y間の契約の効力については明言していないが，三者間の関係を労働者派遣に該当するとし，P―X間の契約を有効とする論旨から推測すると，P―Y間の契約を労働者派遣契約と捉え直した上で，PとYとは派遣法違反の責任を問われることになるが，契約自体は有効

であった，と解していると考えてよいであろう。

　原審判決がP―Y間とP―X間の各契約をいずれも無効と解したのに対し，本判決はいずれも有効と解しており，両判決は対照的である。後述するように，この点の相違が，X―Y間の黙示の労働契約の成否に関する両判決の判断の相違に決定的な影響を及ぼしていると考えられる。

　偽装請負の場合に，労働者の提供元（A）・提供先（B）・労働者（R）の三者間の関係，また，A―B間およびA―R間の各契約の効力は，どのように捉えるべきであろうか（偽装請負は，A―R間に雇用関係が存在する場合だけでなく，存在しない場合（多重請負のケースなど）もありうるが，以下では，前者について検討する）。

　三者間の関係の捉え方については，次の4つの見解がある。偽装請負は，(ア)そもそも労働者派遣とは法的構造を異にしており，労働者供給に該当するとする見解，[2] (イ)形式的に労働者派遣に当てはまるとしても，派遣法の趣旨・目的等からして労働者供給に該当するとする見解，[3] (ウ)派遣法2条1号の定義に該当する限り労働者派遣であり，職安法4条6項は労働者派遣を労働者供給から除外しているので，労働者供給には当たらないとする見解，[4] および，(エ)原則として労働者派遣に該当するが，派遣元が人的・物的な実体（独立性）を有しておらずに派遣先の組織に組み込まれている場合や，派遣先の労働者募集・賃金支払の代行となっているような場合などには，例外的に労働者供給に該当するとする見解である。[5]

　偽装請負が労働者供給に該当するとすれば，労働者供給は職安法44条で事業

---

[2]　豊川教授は，「労働者派遣における雇用契約とは何よりも派遣就業への同意（法32条），すなわち自らが派遣労働者として，派遣先が転々と変更することを納得した雇用契約でなければならない」と説かれる（豊川・前掲注1）242～243頁）。この見解によれば，「派遣就業への同意」を欠く雇用契約からなる偽装請負は労働者派遣には含まれず，労働者供給に該当することになる。

[3]　萬井隆令『労働契約締結の法理』（有斐閣，1997年）331頁以下，西谷敏『労働法』（日本評論社，2008年）386頁～387頁など。

[4]　菅野和夫『労働法（第9版）』（弘文堂，2010年）213頁～214頁，荒木尚志『労働法』（有斐閣，2009年）432頁など。

[5]　厚生労働省「労働者派遣事業関係業務取扱要領」（最終改正2010年4月1日）「第1　労働者派遣事業の意義等　1　労働者派遣　(5)労働者供給との関係」。

として行うことが禁止され，同条違反には刑罰の適用も予定されており（同法64条），中間搾取を禁じた労基法6条にも違反し，社会的非難の程度は強度であるから，A―B間の契約は，公序良俗に反し民法90条により無効と解されることになる。また，A―R間の契約も，労働者供給という三者間の関係の一部分を成すものであり，民法90条により無効と解されるが，ただし，AはRに対しては無効を主張しえない立場にあると考えられる[6]。一方，偽装請負が労働者派遣に該当すると解した場合はどうであろうか。労働者供給ではなく職安法の適用が排除されるからといって，偽装請負を構成する各契約が有効（あるいは原則として有効）との結論が当然に導かれるわけではないであろう。偽装請負が派遣法の規制を回避しようとする脱法的行為であることを直視すれば，A―B間の契約を無効と解し，A―R間の契約についても，違法な労働者派遣の一部分を成すものとして無効であると判断する余地は十分にある。

　本判決は，偽装請負における三者間の関係について，上記(ウ)の見解を採る。あるいは，「特段の事情」のある場合，派遣元と派遣労働者との間の労働契約は無効であると述べているので，(エ)の見解を採るのかも知れない。いずれにせよ，本判決は三者間の関係を労働者派遣であるとし，原審の判断を否定するが，その結論だけを述べて，否定する理由を示していない点で問題である。また，派遣法違反だけでは派遣元―派遣労働者間の労働契約が無効にならない理由として，派遣法の「取締法規としての性質」を挙げるが，取締法規であっても効力に影響を及ぼす規定もあり，取締法規に違反する法律行為が，当該規定の目的や性格，違反の態様等によって，公序良俗違反として無効とされる場合もある[7]。「派遣労働者を保護する必要性」も理由に挙げるが，偽装請負下で就労する派遣労働者を保護するために認められるべきは，派遣元との雇用関係ではなく，派遣先との雇用関係である。さらに，本判決は，「特段の事情」のある場合には，派遣元―派遣労働者間の労働契約が無効と解される可能性を示唆する

6）萬井教授は，禁反言の法理によってRはAに対する賃金請求権を失わない，すなわち，AはRに対しては自ら積極的に無効を主張しうる立場にはなく，Aから求められれば「使用者」としての責任を免れることはできない，とされている（萬井・前掲注1）14頁）。筆者もそのように考える。

7）宮里・前掲注1）58頁～59頁。

が，どのような事情がこれに該当するのか，具体的な例示もなく不明であり，本件で「特段の事情」がないとすることについても説明がない（本判決が上記㈩の見解を採るものであるとすれば，「特段の事情」とは，派遣元が独立性を有していないこと，派遣先の賃金支払を代行しているにすぎないことなどを指すと思われる）。本判決の内容は杜撰であると評さざるを得ない。

筆者は，偽装請負は労働者供給に該当すると解するが，仮に偽装請負が労働者派遣であると解するとしても，本件において，XがPと労働契約を締結した当時，特定製造業務への労働者派遣は禁止されていたのであり，この禁止を潜脱する目的で行われた本件の偽装請負は悪質であり，P―Y間およびP―X間の各契約を民法90条により無効と解すべきであったと考える。

2　X―Y間の黙示の労働契約の成否

原審がX―Y間の黙示の労働契約の成立を認めたのに対し，最高裁は，①YがPによるXの採用に関与していなかったこと，②YがXの給与等の額を事実上決定していたとは言えないこと，③PがXの具体的な就業態様を一定の限度で決定しうる地位にあったことを理由に，成立を否定した（判示2）。

両裁判所が結論を異にした決定的要因は，P・X・Yの三者間の関係についての法的評価の違いにあると考えられる。原審は，三者間の関係を労働者供給であると捉え，P―Y間およびP―X間の各契約が無効であるにもかかわらず，X―Y間で継続している使用従属関係や労務提供関係の法的根拠を問い，このような実体関係そのものの中に，客観的に推認されるXとYの契約意思を見出した。一方，最高裁は，三者間の関係を労働者派遣であると捉え，しかも，それが有効に存在することを前提に審理している。したがって，X―Y間の使用従属関係や労務提供関係も，労働者派遣においては，いわば当然の事象であり，X―Y間に黙示の労働契約の成立を認定するためには，通常の労働者派遣には見られない特別な事情を必要とすることになる。本判決が，①PによるXの採用へのYの関与を問題にし，②賃金支払へのYの関与について，「事実上決定していたといえるような事情」はうかがわれないと述べ，原審と異なる評価を下していることも（原審はYが給与額を「実質的に決定していた」と

する),最高裁が認定のハードルを高くしていることの表れである。

　偽装請負における三者間の関係は労働者供給ととらえる筆者の立場では,X―Y間の黙示の労働契約の成立要件は,ⅰ)XがYの指揮命令下で働いていること,ⅱ)YがXに実質的に賃金を支払っていること,およびⅲ)両者間に客観的に推認される契約意思が存在することであり,本判決が指摘するXの採用へのYの関与は不要である。賃金の支払に関しては,Xの提供する労働の対価としてYからPに「代金」が支払われ,Pが「代金」から中間搾取をして,残金をXに支給している事実関係が認められれば,実質的にYがXに賃金を支払っていると解してよく,本件ではこうした事実関係を認めることができる。黙示の労働契約の成立を否定するにあたり本判決が挙げる3つの理由は,いずれも適切な理由とは考えられない(本判決は上記③の理由を根拠づける事実として,PがXにデバイス部門から他の部門へ移動するよう打診したことを挙げているが,それは,Pがデバイス部門から撤退せざるを得なくなったことからとった行動であり,PがXの具体的な就業態様を決定できる地位にあったことを論証する材料となる事実ではない)。

3　黙示の労働契約の成立をめぐる判例の展開において本判決が占める位置

　派遣法制定前には,事業場内下請労働者と受入先企業との間で黙示の労働契約の成立を認める裁判例が相次いだが,その後,派遣労働者と派遣先との間の関係を含め,裁判例の多数は,労働者の提供元が企業としての独立性を欠くとみられる事情,労働者の提供先が賃金を決定し支払っているとみられる事情など特段の事情がない限り,黙示の労働契約の成立を認めない立場に立ち,結論においても成立を否定している。もっとも,最近,変化の兆しが見られ,成立を認める判決がいくつか出てきているところである。

---

8)　同旨,萬井・前掲注1)15頁。
9)　近畿放送事件・京都地決昭51・5・10労判252号16頁,青森放送事件・青森地判昭53・2・14労判292号24頁,サガテレビ事件・佐賀地判昭55・9・5労判352号62頁など。
10)　JR西日本(大誠電機工業)事件・大阪高判平15・1・28労判869号76頁,伊予銀行・いよぎんスタッフサービス事件・高松高判平18・5・18労判921号33頁,マイスタッフ(一橋出版)事件・東京高判平18・6・29労判921号5頁など。

本判決は，従来の多数の裁判例の立場を確認するものであるといってよい。本判決は，偽装請負を私法上有効な労働者派遣と捉えることにより，高いハードルを設定し，X―Y間の黙示の労働契約の成立を否定した。しかし，労働者派遣が有効な場合であっても，派遣先と派遣労働者との間に黙示の労働契約の成立する余地があることは認めているのであり，この点は留意すべきである。

4　Xに対する雇止めの効力

本判決は，X―Y間で締結された有期労働契約の雇止めについて，解雇権濫用法理を類推適用すべき場合に当たらないとして，期間の満了により労働契約は終了したと判示した（判示3）。しかし，同時に，本判決は，雇止めが不法行為に該当することを認めている（判示4）。雇止めを不法行為と認定するのであれば，損害賠償請求を認めるにとどまらず，雇止めを無効とし，XのYに対する労働契約上の地位を認めるべきであった。

（なかじま　まさお）

---

11)　本件原審判決，ナブテスコ（ナブコ西神工場）事件・神戸地明石支判平17・7・22労判901号21頁，センエイ事件・佐賀地武雄支決平9・3・28労判719号38頁。

退職後に顕在化した紛争に基づく
団交応諾義務の成否
――兵庫県・兵庫県労委(住友ゴム工業)事件・大阪高判平21・12・22
労判994号81頁〔要旨〕,労経速2065号3頁――

池 田   悠
(東京大学)

I 事実の概要

A,Bおよび亡C1(平成12年1月26日に死亡)は,Aが平成9年2月に,Bが平成12年4月に,亡C1が平成2年9月にそれぞれ退職するまで,いずれも概ね40年間にわたり参加人S社において就労していた元従業員であり,AおよびBは,Sでの就労中に石綿に曝されたと主張している。なお,Sは,平成19年3月14日から,Sの費用負担にて退職者に対する石綿健康診断を実施している。加えて,同年4月1日からは,石綿災害特別補償制度も施行し,亡C1の妻C2も,同制度に基づく特別補償として1500万円の給付金を受領している。[1]他方,Bは,平成20年6月4日,石綿作業従事歴が35年3月に及ぶとして,「健康管理手帳(石綿)[2]」の交付を受けている。

AおよびBは,平成17年秋ころ,亡C1の職場歴と胸膜悪性中皮腫の関係を調査するようC2に依頼されて,Sと話し合ったほか,平成18年6月23日に亡C1の死亡が労災として認定されたのを受け,Sに要望書を提示するなどした

---

1) 本判決では,平成19年からSが採った一連の措置によって,Xの救済利益が消滅し,団交拒否の正当な理由になるものではないと判示されているが,紙幅の都合上,判旨・検討ともに省略する(この点の詳細は,柳屋孝安「労働契約関係終了後相当の期間経過後に労働者が加入した労働組合との団交応諾義務の存否――住友ゴム事件・神戸地判平成20・12・10労判973号5頁――」法と政治60巻3号(2009年)595頁以下参照)。
2) 健康管理手帳に関しては,山本陽大「退職者の在職中における石綿曝露に関する団交応諾義務の存否――兵庫県・兵庫県労委(住友ゴム工業)事件」同志社法学61巻7号(2010年)311頁注2参照。

が，結局，同年10月6日，A，BおよびC2がX労働組合に加入してS分会が結成された。そこで，Xは，同月12日付け申込書により，Sに対し，分会結成を通知するとともに，以下の3点に関してXとの団体交渉に応じるよう要求した。

① Sにおける石綿使用実態を明らかにすること
② 石綿曝露の可能性がある職場で働いていた退職者に対して，健康管理手帳が交付されることを知らせるとともに，退職労働者全員の健康診断を行うこと
③ 定年退職後に労災認定された者への企業補償制度を設けること

しかし，Sは，Sと雇用関係にある労働者がXに含まれていないから団交応諾義務がないとして，Xの団交要求を拒否した。そこで，Xは，平成18年11月13日，兵庫県労働委員会（Y）に対して不当労働行為の救済申立てをしたが，Yは，「労働組合法第7条第2号にいう「使用者が雇用する労働者」とは，原則として当該使用者と現に雇用関係にある労働者をいい，……解雇そのものを争っている場合や，……退職金や未払賃金等労働契約関係の清算をめぐって争っているような特別の事情が存する場合を除き，かつて使用者に雇用されていたにすぎない者はこれに含まれない」。「他方，労働組合法に定める団体交渉とは，労働組合と使用者とが，労働者の労働条件や労使関係上のルールについて，労働協約を締結することなどにより，労働条件の維持改善を図り，もって正常な労使関係を確立するための交渉をいうものと解される。ところが，本件団交要求は，……Sにおける円滑な労使関係を将来に向けて確立するためのものであるということはできず，また，Sに団体交渉応諾義務を認めることによって正常な労使関係の回復につながるというものではない。」として，申立てを却下した（兵庫県労委決平19・7・5別冊中時1366号427頁）（「本件労委決定」）。

そこで，Xが，本件労委決定の取消しを求めて提訴したところ，原審は，「労組法7条は，……正常化すべき労使関係，すなわち使用者との間の労働契約関係の存在を前提としている。したがって，同条2号にいう「使用者が雇用

---

3) なお，本件労委決定に関しては，申立てを「棄却」ではなく「却下」したことの是非も問題となり得る（柳屋・前掲注1）587頁参照）。

する労働者」とは，基本的に，使用者との間に現に労働契約関係が存在する労働者をいうと解される。もっとも，労働契約関係が存在した間に発生した事実を原因とする紛争……に関する限り，」「使用者がその判断によって解決することのできる」労使関係の「ほころび」が発生しているので，「当該紛争が顕在化した時点で当該労働者が既に退職していたとしても，未精算〔ママ〕の労働契約関係が存在すると理解し，当該労働者も「使用者が雇用する労働者」であると解するのが相当である。」として，C2以外に対する団交応諾義務を認め，本件労委決定を取り消した（神戸地判平20・12・10労判973号5頁）。[4]

これに対し，YおよびSが控訴した。

II　判旨（控訴棄却）

1　労組法7条2号の趣旨

「労組法7条2号は，……団体交渉を通じて正常な労使関係が樹立されることを目的としているといえ……，原則的には，現に当該使用者が「雇用」している労働者を前提としているものと解される。もっとも，現実に派生する労働条件等を巡る問題は様々であり，雇用関係の前後にわたって生起する場合……は，……その加入する労働組合と使用者との団体交渉を是認することが，むしろ上記労組法の趣旨に沿う場合が多いと考えられる。他方，雇用関係終了後，雇用関係にあった者が労働組合に加入して，雇用関係存続中の労働条件に関して使用者であった者に対して団体交渉申入れがされた場合，無限定に団体交渉応諾義務を是認すれば，かえって無用な紛糾を生じ，団体交渉を通じた正常な労使関係の樹立という上記労組法の趣旨に背馳する結果となる場合があるといえる。」

---

[4] なお，C2については，本判決も原審の判断を是認しているが，Xに対するSの団交応諾義務を否定した本件労委決定を取り消すには，Aらのいずれかが「使用者が雇用する労働者」に当たれば十分である。したがって，C2に関する判示は，訴訟物として個人ごとに権利の成否が問題になる一般の民事訴訟事件と混同した傍論に過ぎないと思われる（紙幅の都合上，判旨・検討ともに省略する）。

2 退職者に対する団交応諾義務の要件

(1)「上記労組法の趣旨からすれば,使用者が,かって存続した雇用関係から生じた労働条件を巡る紛争として,当該紛争を適正に処理することが可能であり,かつ,そのことが社会的にも期待される場合には,元従業員を「使用者が雇用する労働者」と認め,使用者に団体交渉応諾義務を負わせるのが相当であるといえる。その要件としては,①当該紛争が雇用関係と密接に関連して発生したこと,②使用者において,当該紛争を処理することが可能かつ適当であること,③団体交渉の申入れが,雇用関係終了後,社会通念上合理的といえる期間内にされたことを挙げることができる。」

(2)「A及びBは,……死亡したC1と同様に……,Sの業務に従事したことによって,健康被害が発生している可能性があり,Bは健康管理手帳(石綿)の交付を受けていることからすると,本件は,従来の雇用関係と密接に関連して発生した紛争であるということができる。」「[Sは,石綿被害について各種の]措置をとることが可能であり,かつ,それが社会的にも期待されるといえる。」「[長期の潜伏期間を伴うこと,C2がAらに調査を依頼した後の事実経過]からすれば,A及びBがSを退職してから相当の期間が経過しているものの,その責をAらに帰することは酷であり,石綿被害の特殊性を考慮すれば,社会通念上,合理的期間内に団体交渉の申入れがされたと解するのが相当である。」

III 検 討

1 本判決の意義と特徴

本判決は,退職後に顕在化した紛争をめぐって,退職者のみが加入する労働組合との団交応諾義務の成否が判断された最初の高裁裁判例である。近年,潜伏期間が長期にわたる石綿被害をめぐって労働法上も紛争が頻発する中で,救済命令で否定された団交応諾義務を,覆して認めた原審の結論を維持した控訴審判決として注目される。本判決は,①退職時点で紛争が顕在化していなかったにも拘らず,退職後に使用者の団交応諾義務を認めた点,②退職者に対する

団交応諾義務が認められる要件を一般的に類型化している点に特徴が見られる。

2 退職者に対する団交応諾義務

　使用者の団交拒否を不当労働行為とするわが国では，使用者の団交応諾義務の範囲を画する必要が生じる。しかし，団交義務の定義はなく，「使用者が雇用する労働者の代表者と団体交渉をすることを正当な理由がなくて拒むこと。」を不当労働行為として規定する，労組法7条2号の解釈に専ら委ねられている。[5]

　労組法7条2号の「使用者が雇用する労働者」という要件を字面通りに読むと，現に雇用されている状況を意味すると解されるが[6]，労組法上の「使用者」[7]および「労働者」[8]概念は，いずれも労働契約上の当事者に限られない。したがって，現に雇用されていない退職者も，労組法7条2号の「「使用者」が雇用する「労働者」」の概念には含まれ得るが，その範囲は必ずしも明らかでない。[9]

　すなわち，解雇や退職条件など，労働契約関係の終了時点で顕在化していた紛争に関しては，労働者の退職後であっても団交応諾義務を認める解釈が，判例[10]・救済命令[11]・学説[12]を通じて既に確立している。もっとも，労働契約関係の終了時点で顕在化していた紛争であっても，労働契約終了後，合理的期間を経過

---

5) なお，本件は，労働者が退職後に組合に加入したいわゆる「駆け込み加入」の事例であるため，理論的には組合の「代表者」性も争点になり得るが，この点は当事者間に争いがない（柳屋・前掲注1）579頁，593頁）。
6) 柳屋・前掲注1）574頁。
7) 菅野和夫『労働法〔第9版〕』（弘文堂，2010年）668頁，西谷敏『労働組合法〔第2版〕』（有斐閣，2006年）147頁。
8) 菅野・前掲注7）513頁，西谷・前掲注7）77頁。
9) 菅野・前掲注7）567頁，668頁。
10) 日本鋼管鶴見造船所事件・最三小判昭61・7・15労判484号21頁［退職者に対する団交応諾義務を認めた原審を是認］。最近の下級審裁判例としては，国・中労委（オンセンド）事件・東京地判平20・10・8労判973号12頁，伏見織物加工（団交拒否等）事件・東京地判平19・1・25中労時報1073号54頁がある。このほか，従来の裁判例・救済命令に関しては，柳屋・前掲注1）575頁以下参照。
11) 東洋鋼鈑事件・中労委決昭53・11・15命令集64集777頁。
12) 菅野・前掲注7）669頁，宮里邦雄「労組法7条2号の「使用者が雇用する労働者」の意義――兵庫県・兵庫県労委（住友ゴム工業）事件」ジュリ1391号（2009年）166頁，西谷敏『労働法』（日本評論社，2008年）484-485頁，東京大学労働法研究会『注釈労働組合法(上)』（有斐閣，1980年）401頁。

している場合[13]には，使用者の団交応諾義務が否定される可能性も認められている[14]。その場合，労組法7条2号の「使用者」性[15]または「労働者」性を直接否定[16]する解釈[17]と，「使用者が雇用する労働者」性は認めつつ，団体交渉を拒否する「正当な理由」を認める解釈に分かれている。[18]

これに対し，本件のように，退職後，長期間経過して初めて顕在化した紛争に関する団交応諾義務の成否をめぐっては，これまでほとんど議論が存在しない[19]。そこで，①本件労委決定のように，(実務上確立した)退職時点で顕在化している紛争に限定して退職後の団交応諾義務を認め，例外を認めない解釈(「否定説」)[20]，②原審のような，労働契約関係の存続中に発生した事実を原因とし，使用者に解決可能な紛争に関する限り，退職後であっても団交応諾義務を認める解釈(「無限定肯定説」)，③原則は否定説に立ちながら，紛争(石綿被害)の特殊性から，「正当な理由」[21]や「やむを得ない」[22]事情が認められる場合に限

---

13) もっとも，合理的期間の経過を判断する確立した基準はなく，相当長期間が経過していても，事案によって団交応諾義務を認められる場合がある(日本鋼管鶴見造船所事件・前掲注10)[解雇から約4年5ヶ月ないし約6年10ヶ月経過後の団交応諾義務を認めた原審を是認])。
14) 柳屋・前掲注1)581頁以下。
15) 菅野・前掲注7)670頁，荒木尚志『労働法』(有斐閣，2009年)570頁注11。
16) 土田道夫「石綿関連疾患者による退職後の団交要求と「雇用する労働者」性　住友ゴム工業事件(大阪高判平成21・12・22労働判例994号81頁)について」中労時報1113号(2010年)7頁。
17) もっとも，「使用者」性または「労働者」性が否定されれば，それ自体が団交拒否の「正当な理由」を構成する。
18) 国鉄清算事業団(第一)事件・最二小判平9・10・31労判739号152頁〔要旨〕[雇止めから6年11ヶ月後の団交要求拒否について，正当な理由を認めた原審を是認]，三菱電機鎌倉製作所事件・東京地判昭63・12・22労判532号7頁[解雇から8年10ヶ月]，品川区事件・中労委決平18・3・27命令集134(2)集1542頁[契約期間満了から20年余]，日立メディコ事件・中労委決昭58・3・22命令集78集643頁[解雇から10年5ヶ月]，東洋鋼鈑事件・前掲注11)[解雇から約8年]，柳屋・前掲注1)583頁[時間の経過によって救済利益に欠ける場合は，正当な理由がある]，中嶋士元也「いわゆる駆込み訴えと団交拒否——三菱電機鎌倉製作所事件——」ジュリ952号(1990年)156頁，道幸哲也「解雇後長期間経て加入した別組合からの団交要求を拒否したことが労働組合法7条2号の正当事由に基づくものとされた例——三菱電機事件」判評370号(1989年)59頁，東京大学労働法研究会・前掲注12)401頁。
19) 山本・前掲注2)299頁。
20) 土田・前掲注16)7-8頁。
21) ニチアス事件・奈良県労委決平20・7・24労旬1706号44頁[ただし，同事件中労委決定・後掲注22)で取消し]。

って例外を認める解釈（「修正否定説」）が対立する状況にあった。

3 本判決の判断枠組み

(1) 判旨の整理

本判決は，結論自体は原審を維持しているものの，退職者に対する団交応諾義務の範囲については，上記いずれの解釈も採用せず，全く独自の判断枠組みを定立している。すなわち，本判決は，退職者との団交によって，「団体交渉を通じて正常な労使関係が樹立されることを目的としている」労組法の趣旨に沿う側面を認めつつ，無限定な団交によって，却って労組法の趣旨が没却される可能性もあることを指摘する（判旨1）。そこで，「①当該紛争が雇用関係と密接に関連して発生したこと，②使用者において，当該紛争を処理することが可能かつ適当であること，③団体交渉の申入れが，雇用関係終了後，社会通念上合理的といえる期間内にされたこと」の三要件を充足した場合に限って，退職者に対する団交応諾義務が認められると判示している（判旨2(1)）。

(2) 三要件の位置づけ

本判決の三要件は，専ら「使用者が雇用する労働者」性を判断していた本件労委決定や原審とは異なり，退職者に対する団交応諾義務が認められる要件を，労組法7条2号の解釈として一般的に類型化したものである[23]。したがって，直ちに並列して比較することはできないが，本判決の三要件は，退職者に対する団交応諾義務の範囲について，本件労委決定の「否定説」ほど限定的に解しないものの，広範に過ぎると批判された原審の「無限定肯定説」の帰結を限定す[24]

---

22) ニチアス事件・中労委決平22・3・31労経速2077号22頁［ただし，結論としては使用者の団交拒否に正当な理由を肯定］，本田技研工業事件・神奈川県労委決平21・7・30労判988号95頁〔要旨〕，山陽断熱事件・神奈川県労委決平21・2・25労旬1706号60頁。

23) 新谷眞人「退職した石綿被害者が加入した地域ユニオンに対する団交拒否と不当労働行為の成否 兵庫県・兵庫県労委（住友ゴム工業）事件」法時82巻3号（2010年）129頁。

24) 土田・前掲注16) 6頁，山本・前掲注2) 309頁，柳屋・前掲注1) 594頁，鎌田耕一「最近の労働判例の動きについて」中労時報1104号（2009年）5頁。なお，根本到「石綿被害問題の解決を目的として退職者が加入した地域合同労組の団交当事者資格」労旬1706号（2009年）14頁は，団交拒否の正当な理由の有無を独自に判断した上で，原審を「結論において正当」と評している。宮里・前掲注12) 166頁は，事案の特殊性に照らした「修正否定説」として整理するが，判旨から読み取ることはできない。いずれにしても，「無限定肯定説」を採

る要件として位置づけられる[25]。この点，従前の「修正否定説」は，紛争の特殊性を強調して「否定説」の帰結を例外的に修正するため，その判断基準の不明確さが問題となる[26]のに対し，本判決の三要件は，団交義務を課す労組法の趣旨から演繹的に導出される要件として，退職者に対する団交応諾義務の範囲を一般的に限界づけている（いわば，「限定肯定説」）。しかし，本判決の三要件は，以下のように，「無限定肯定説」の帰結を適切に限定する機能を有するか疑わしく，むしろ「修正否定説」と同様，「否定説」や「無限定肯定説」が有する判断基準としての明確性に欠け，交渉当事者の予測可能性を損なう弊害があると解される。

（3）要件①（雇用関係との密接関連性）

まず，要件①は，原審の「労働契約関係が存在した間に発生した事実を原因とする紛争」に対応する要件と解され，「密接関連性」によって，原審に比べて一定の限定がかかるように思われる[27]。しかし，事後的な評価規範としては確かに限定的な意義を有しているとしても，団交に臨む労使当事者の行為規範として「密接関連性」を判断することは困難である[28]。さらに，本判決は，要件①の該当性判断に際して，在職中の石綿関連業務への従事を中心にした総合判断で「密接」関連性を認め，特に「密接」性固有の検討は行っていない。もとより，密接性は程度問題に過ぎないが，本判決のように総合判断の結論として密接関連性を認めるだけでは，「労働契約関係が存在した間に発生した事実を原因とする紛争」を要件にする原審と，実質において異ならないと解される。したがって，要件①は，およそ関連性のない退職者を排除する[29]意味で限定的であ

　る原審の一般論が，字面通りでは広範に過ぎるとの理解は，学説において異論がなかったと言える。
25）土田・前掲注16）7頁，新谷・前掲注23）129頁。
26）新谷・前掲注23）129頁。
27）土田・前掲注16）7頁，新谷・前掲注23）129頁。
28）本判決に関する言及ではないが，義務的団交事項の範囲をめぐって「密接関連性」を要求した国・中労委（根岸病院）事件・東京高判平19・7・31労判946号58頁に関して，一般論として，「企業の現場で，「密接関連性があるかどうか」を判断するのは難しい。」と評する見解がある（古川陽二ほか「集団的労働関係における新しい課題」労判968号（2009年）10頁［八代徹也発言］）。
29）土田・前掲注16）7頁。

るに過ぎず，原審に何らかの有意な限定が付加されたものとは解され得ない。

(4) 要件②（使用者による処分の可能性および適切性）

次に，要件②は，「使用者がその判断によって解決することのできる」ことを要求していた原審に対応した要件と解される。確かに，使用者において処分可能でない事項は団交義務の対象にならない以上[30]，原審はいわば当然のことを判示したに過ぎないので，要件②が，処分可能性のみならず適切性まで要求した点は，原審に比べて限定的な意義を有する[31]。しかし，他の救済方法の存在によって団交応諾義務が否定されるものではない以上，団交による解決が可能であるにも拘らず，団交による解決が適切ではないという状況は，ほとんど想定不可能である。この点，要件②の該当性判断に際して，本判決は，使用者の処分可能性を認めた上で，団交による解決が「社会的にも期待される」ことを適切性の根拠としている。このように，社会的期待を以って適切性を肯定するならば，団交によって解決可能である限り，国庫に負担のかかる他の解決方法[32]よりも，労使間の団交による自主的解決を社会が期待するのはいわば当然の帰結である。もっとも，団交が不調に終わった際の争議行為によって社会的混乱が生じる場合には，団交による解決を「社会」が期待しない事態も考えられるが，団交権を保障するための手段である争議権[33]の行使に伴う混乱を防止するために，団交権自体を制限するのは本末転倒である。結局，適切性を付加する要件②も，原審との対比では，何らの限定にもなっていないと解される。

(5) 要件③（合理的期間内における団交要求）

そうすると，原審との対比で，本判決に限定的な要素があるとすれば，「雇用関係終了後，社会通念上合理的といえる期間内に」団交が申し入れられたことを要求する要件③以外には考えられない。要件③は，退職後の期間経過について考慮していない点を批判された原審[34]と対比すると，少なくともその限りで

---

30) 菅野・前掲注7）574-575頁，西谷・前掲注7）298-299頁，東京大学労働法研究会・前掲注12）419頁。
31) 新谷・前掲注23）129頁。
32) 立法的解決はもちろん，行政的・司法的解決も国庫に負担を伴う。
33) 菅野・前掲注7）621頁。
34) 柳屋・前掲注1）594頁。

原審よりも限定的である[35]。もっとも，要件③の該当性判断において，本判決は，退職から約6年ないし約9年という「相当の期間」の経過を認めながら，「その責をAらに帰することは酷であり，石綿被害の特殊性を考慮すれば，社会通念上，合理的期間内に団体交渉の申入れがされたと解するのが相当」とする。

ところで，本判決の要件③は，前述した従来の「合理的期間」概念とは全く異なる位置づけを有する。というのも，前述したように，従来の「合理的期間」概念は，労働契約関係の存続期間中に顕在化していた紛争に関して，退職後であっても団交応諾義務を認めるという「原則」に対する，いわば「例外」として，不都合な事例を個別的に取捨選別する調整規範としての位置づけを有していた。これに対し，本件における要件③の「合理的期間」概念は，労働契約関係の終了後，長期間経過して初めて顕在化した紛争に関して，団交応諾義務を肯定するための積極的要件として位置づけられ，いわば「原則」そのものを定めるための要件である。

しかし，もともと確立した基準を設定しにくい「例外」用の概念である「合理的期間」を以って，「原則」を判断しようとする場合には，基準が一層不明確になることは想像に難くない。その結果，要件③の下では，「合理的期間」が「経過した」あるいは「経過していない」ことは，いずれにしても立証困難であり，事後的な判断機関である労働委員会や裁判所による結論ありきの帰結に陥る危険が大きい。実際，本判決は，「石綿被害の特殊性」に鑑みて，「合理的期間」は経過していないと判断したが，いかなる意味で「石綿被害の特殊性」が合理的期間内であることを基礎づけるのか，判旨からは判然としない[36]。

したがって，「合理的期間」概念を，団交応諾義務の積極的要件として要求する要件③によって，交渉に臨む労使当事者の事前の予測可能性が害される状況は避けがたい。そして，正常な労使関係の助成を図る手段である団交応諾義務の範囲が，交渉主体である労使当事者にとって予測可能性に乏しいことは，

---

35) 土田・前掲注16) 7頁。
36) 判旨に挙げられている，「長期の潜伏期間」と「C2が調査を依頼した後の事実経過」を善解すると，長期の潜伏期間ゆえ，亡C1の死亡まで石綿被害に気づく余地がなかったとして亡C1の死亡した平成12年まで，およびC2が調査を依頼した平成17年以降は，「合理的期間」内と認めることもできるが，なお約5年もの空白期間があり，疑問が残る。

まさに本判決が懸念した,「かえって無用な紛糾を生じ,団体交渉を通じた正常な労使関係の樹立という……労組法の趣旨に背馳する結果となる」と解される。

4 各判断枠組みの比較検討

本件のように,労働契約関係の終了後,長期間経過して初めて顕在化した紛争に関する使用者の団交応諾義務をめぐって,原審が採用した「無限定肯定説」は,基準として単純明快で予測可能性に優れている反面,学説が異論なく認めるように,団交応諾義務が広範に過ぎる。これに対し,本判決の「限定肯定説」は,三要件によって肯定説の限定を試み,他方,「修正否定説」は,事案の特殊事情によって否定説の拡張を試みるが,いずれも予測可能性に欠如する以上,少なくとも現状では,団交応諾義務の範囲を画する適切な基準とは解されない。

これに対し,本件労委決定が採用した「否定説」は,労働契約関係の終了時点で顕在化していた紛争か否かで区分するため,予測可能性が高い反面,およそ顕在化し得なかった紛争まで,将来の団交による解決可能性を否定されることに疑問も残り得る。しかし,団交権は時効によって消滅しない権利と解されている[37]ため,「無限定肯定説」に立たない限りは,いずれかの時点で権利行使可能な範囲を画さなければならず,その画定に当たっては,実際に交渉する労使当事者双方の予測可能性を無視することができない。そうすると,労働契約関係の終了時点までに紛争が顕在化しなかった場合には,当該時点で労使当事者(特に使用者)に生じる雇用関係解消の合理的期待[38]を保護することが,むしろ「正常な労使関係の樹立」という労組法の目的に寄与するものと解される。

(いけだ　ひさし)

---

37) 三菱電機鎌倉製作所事件・前掲注18)。
38) もっとも,意図的な情報秘匿など,使用者の期待が「合理的」でない場合には,少なくとも使用者の側において,労働契約関係終了時に既に紛争が顕在化していたと評価し得る。この点,石綿被害に関しては,民事訴訟において使用者の安全配慮義務違反が肯定される傾向にあり(山本・前掲注2)295頁参照),その場合には使用者の期待が「合理的」ではないとの観点から,「否定説」に立っても,なお退職後の団交応諾義務を免れないと解する余地がある。

日本学術会議報告

浅倉　むつ子

（日本学術会議会員，早稲田大学）

1　第157回総会

2010年4月5日（月）と6日（火）の二日間にわたり，日本学術会議第157回総会が開催された。初日の総会には，川端達夫内閣府特命担当大臣（科学技術政策担当），津村啓介内閣府大臣政務官が出席し，挨拶があった。また翌6日には，鈴木寛文部科学副大臣が講演を行った。

今回の総会の中心課題は，2008年以来，日本学術会議が総力をあげて検討してきた『提言』「日本の展望――学術からの提言2010」（以後，「日本の展望2010」とする）をめぐる最終の審議であった。3つの作業分科会（人文・社会科学，生命科学，理学・工学という3つの分野別作業分科会）と10の課題別分科会（テーマ別検討分科会），あわせて13の分科会から，それぞれに報告がなされた後，初日の総会で，主提言の「日本の展望2010」が，原案通り，可決された。

今回公表された文書としては，すべての文書の幹にあたる主提言「日本の展望2010」（60頁）に加えて，先の13の分科会の『提言』，ならびに31の『報告』（これらは，第一部，第二部，第三部を構成する各委員会ごとにとりまとめられている）がある。これら提言・報告の審議・執筆に関与した会員・連携会員は，総勢1,371名，提言・報告の総頁数は，1295頁に及ぶものとなった。組織の中心におかれた会長・幹事会・起草分科会の方々のご苦労はいかばかりであったかと，敬服する思いである。

ちなみに，13の『提言』とは，以下のものである。「日本の展望――人文・社会科学からの提言」（人文・社会科学作業分科会），「日本の展望――生命科学からの提言」（生命科学作業分科会），「日本の展望――理学・工学からの提言」（理学・工学作業分科会），「21世紀の教養と教養教育」（知の創造分科会），「日本の基礎科学の発展とその長期展望」（基礎科学の長期展望分科会），「持続可能な世界の構築のために」（持続可能な世界分科会），「地球環境問題」（地球環境問題分科会），「人間中心のアジア，世界に活躍するアジア互恵・互啓・協働の精神にもとづいて」（世界とアジアのなかの日本分科会），「人を育む，知の連山としての大学へ向けて」（大学と人材分科会），「リスクに対応できる社会をめざして」（安全とリスク分科

会)，「現代における〈個人〉と〈国家〉——新たな公共性の創出」(個人と国家分科会)，「安全で安心できる持続的な情報社会に向けて」(情報社会分科会)，「誰もが参加する持続可能な社会を」(社会の再生産分科会)。これら『提言』も『報告』もすべて，日本学術会議のHPからご覧いただくことができる。

2　「日本の展望——学術からの提言2010」について

「日本の展望2010」は，第18期に作成された「日本の計画」(2002年)を受け継ぐものであるが，今回の文書もまた，6年後には更新されることが前提となっている。したがって少なくとも今後6年間は，日本学術会議の学術活動は，これをベースにして展開されることになる。そのように重要な文書であるため，ここで若干の内容紹介をさせていただこう。

まず，「学術」という概念について，である。日本の学術政策については，「日本学術会議」と「総合科学技術会議」が，ともに車の両輪としての役割を果たすことが期待されている。しかし，科学技術基本法(1995年制定)は，「科学技術(人文科学のみに関わるものを除く。以下同じ。)の振興に関する施策の基本」を定めるとして，「科学技術」の概念から「人文科学」を排除している。本法にいう「人文科学」は，人文・社会科学を意味するものとして使われているのである。同法は，たしかに「科学技術の振興にあたっては」「自然科学と人文科学との相互のかかわり合いが科学技術の進歩にとって重要であることにかんがみ，両者の調和のとれた発展について留意」する必要性に言及している(2条2項後段)。しかし，その「調和」は，あくまでも「科学技術の振興」という目的に向けてのものである。

このような科学技術基本法の発想に対して，日本学術会議は，政府の学術研究に関わる施策において，「学術」の総合的な関連性の中に科学技術を位置づけることを強く要請したいと考えている。そこで，今回の「日本の展望2010」は，「科学・技術(science and technology)」という概念が，人文・社会科学を排除しかねない概念であることに反省を促し，21世紀の人類社会の課題解決のためには，諸科学の総合としての「学術」の一体的取組が不可欠であることを強調した。学術の総合力を発揮するためには，人文・社会科学が，人間と社会への視野によって，学術の舵取りの役割を果たさなければならないのである。

そのうえで，「日本の展望2010」は，学術研究が立ち向かう課題として，4つの社会的な課題を示している。すなわち，「人類の生存基盤の再構築」，「人間と人間の関係の再構築」，「人間と科学・技術の関係の再構築」そして「知の再構築」である。それをふまえて，「人文・社会科学」，「生命科学」，「理学・工学」の3つの分野の展望が示され，最後に，学術の力をさらに十全に発揮するために，日本の学術政策

に関する8つの提言が，以下のように提示された。①学術の総合的発展の中で「科学技術」の推進を位置づけること，②研究に関する基本概念を整理し学術政策のための統計データを早急に整備すること，③総合的学術政策の推進のため人文・社会科学の位置づけを強化すること，④大学における学術研究基盤の回復に向けて明確に舵を切ること，⑤イノベーション政策を基礎研究とのバランスを確保しつつ推進すること，⑥若手研究者育成の危機に対応する早急な施策の実施，⑦男女共同参画のさらなる推進，⑧学術政策における専門家と日本学術会議の役割の強化，である。

起草分科会の委員長であった広渡清吾第一部部長は，この「日本の展望」というプロジェクトの完遂によって，結果的に，日本学術会議が，知的凝集力と組織的結集力を明確に示すことになったと，述懐しておられる（広渡清吾「『日本の展望』プロジェクトが拓く展望」学術の動向2010年5月号）。このことこそ，日本の学術に新しい展望をもたらす，もっとも重要な成果だといえるのではないだろうか。

3　「法学の展望」について

さて，13の『提言』の中の一つに，「日本の展望——人文・社会科学からの提言」（人文・社会科学作業分科会）があり，これは第一部がとりまとめた報告である（257頁）。この中には，法学委員会がとりまとめた「法学の展望」（14頁）も含まれている。

法学委員会としては，法学がおかれている今日的状況の把握をふまえて，法学にとっての現代的課題を明らかにし，今後の法学のあり方およびその発展の方向について，提言を行った。その提言の内容とは，①立法活性化の時代にあって立法の質の改善に寄与しうる研究を進展させること，②社会の変化に対応した法学の自己変革を進めること，③基礎研究の重要性を認識し，これを促進・奨励すること，④長期的展望に立った安定的な法学研究者養成の制度的枠組みを確立し，研究と教育の間の関係を双方にとり生産的なものに変えていくこと，である。とりわけ最後の④の問題は，法科大学院制度と従来の法学研究科の将来にかかわる研究教育資源の適正な配分とそのあり方という，法学分野の研究者にとっては，きわめて重い課題である。

現在，多くの研究者が，法学研究が健全な状態になく，むしろ学として閉塞状態に立ちいたっていると感じている。この状況に照らせば，以上の提言を契機に，更に具体的な議論を進めなければならないであろう。法学の明るい「展望」の方向性を出すことは，待ったなしの緊急課題だと思う。

(あさくら　むつこ)

(2010年7月10日記)

◆日本労働法学会第119回大会記事◆

　日本労働法学会第119回大会は，2010年5月16日（日）名古屋大学において，個別報告および日本労働法学会創立60周年記念シンポジウムの二部構成で開催された（敬称略）。

　　一　個別報告
〈第一会場〉
テーマ：「イギリス平等法の到達点と課題」
報告者：宮崎由佳（連合総合生活開発研究所）
司　会：浅倉むつ子（早稲田大学）
〈第二会場〉
テーマ：「労働市場における労働者派遣法の現代的役割——契約自由と法規制の相克をめぐる日本・オランダ・ドイツの比較法的分析」
報告者：本庄淳志（大阪経済法科大学）
司　会：大内伸哉（神戸大学）
〈第三会場〉
テーマ：「フランスにおける企業倒産と解雇」
報告者：戸谷義治（日本学術振興会特別研究員・北海道大学大学院）
司　会：道幸哲也（北海道大学）

　　二　日本労働法学会創立60周年記念シンポジウム
統一テーマ　「東アジアにおける労働紛争処理システムの現状と課題」
司　会：香川孝三（大阪女学院大学）
　1．「シンポジウムの趣旨と目的」報告者：山川隆一（慶應義塾大学）
　2．「韓国における労働紛争解決システムの現状と課題」報告者：李鋌（韓国外国語大学）
　3．「台湾における労働紛争処理システムの現状と課題」報告者：王能君（台湾大学）
　4．「中国における労働紛争処理システムの現状と課題」報告者：彭光華（中国人民大学）
　5．「東アジア労働紛争解決システムの中の日本」報告者：野田進（九州大学）

三 総 会
1 2009年度決算・2010年度予算について
(1) 土田道夫事務局長より2009年度決算について，また名古道功監事・有田謙司監事より監査済みである旨が報告された。以上を受けて，総会において同決算が承認された。
(2) 2009年度予算案について，土田事務局長より報告された。収入については，特に会費収入について，前年度の納入率の低さ，徴収方法の強化を考慮して，納入率を高めに想定している旨の説明がなされた。支出については特に，業務委託先を大学生協学会支援センターへ変更したことを前提に同変更に伴う支出内訳への影響（事務業務委託費用の増額，大会案内等の送付に関する印刷費の減少等）について説明がなされた。
以上を受けて，総会において2010年度予算が承認された。

2 今後の大会開催予定について
和田肇企画委員長より，今後の大会予定に関し以下の通り報告がなされた。
◆第120回大会について◆
(1) 期日：2010年10月17日（日）
(2) 会場：中央大学　後楽園キャンパス
(3) 統一テーマ：「雇用平等法の新たな展開」
(4) 報告者：（報告テーマは仮題）
　　　和田肇（名古屋大学）「雇用平等法の現状と課題」
　　　長谷川聡（中央学院大学）「雇用における性差別禁止法の現状と課題」
　　　緒方桂子（広島大学）「雇用形態間の均等処遇」
　　　山川和義（三重短期大学）「年齢差別禁止の法的意義とその方向性」
　　　渡辺賢（大阪市立大学）「雇用の多様性と平等および差別の弾力的救済」
　　　司　会：浅倉むつ子（早稲田大学），石田眞（早稲田大学）

◆第121回大会について◆
(1) 期日：2011年5月15日（日）
(2) 会場：沖縄大学（前日に同大学にて社会保障法学会が開催予定）
(3) 個別報告
テーマ：「ドイツにおける解雇の金銭解決制度の史的形成と現代的展開」
報告者：山本陽大（同志社大学大学院）
司　会：土田道夫（同志社大学）

テーマ：「ドイツの変更解約告知制度」
報告者：金井幸子（愛知大学）
司　会：和田肇（名古屋大学）
テーマ：「イギリスの労働契約法における付随義務論（仮題）」
報告者：龔敏（久留米大学）
司　会：野田進（九州大学）
テーマ：（未定）
報告者：烏蘭格日楽（追手門学院大学）
司　会：大内伸哉（神戸大学）
テーマ：「性差別としての妊娠差別規制の諸問題（仮題）」
報告者：富永晃一（信州大学）
司　会：荒木尚志（東京大学）
(4)　ミニシンポジウム
①テーマ：「個人請負・委託就業者の法的保護――労働契約法および労働組合法の適用問題を含む」
　　司会・問題提起：鎌田耕一（東洋大学）
　　報告者：川田知子（亜細亜大学）
　　　　　　橋本陽子（学習院大学）
　　コメント：中窪裕也（一橋大学）
②テーマ：「障害者差別法理の理論的課題――合理的配慮を中心として」
　　報告者：中川純（北星学園大学）
　　　　　　長谷川珠子（日本高齢・障害者雇用支援機構）
※また，上記に加えて，藤本茂企画委員より根岸忠会員へ，「企業年金の減額・廃止をめぐる問題点――立法論及び解釈論の観点から」とのテーマでのミニシンポジウム開催を打診することが決定された。また，それが不可能となった場合には，和田肇企画委員長より濱口桂一郎会員へ「従業員代表法制」とのテーマでミニシンポジウム開催を打診することが決定された。
(5)　特別講演について
和田企画委員長より，特別講演については行わない旨の報告がなされた。

◆第122回大会について◆
(1)　期日：2011年10月第2または3週の日曜日を予定
(2)　会場：立教大学
(3)　和田企画委員長より，「労使関係の変化と労働組合法の課題」との統一テー

マで，村中孝史理事および奥田香子理事が担当理事を引き受けることとなった旨の報告がなされた。

3　学会誌について

野川忍編集委員長より，以下の内容が報告された。

学会誌115号がすでに発行，送付済みであることが報告された。

編集委員について，任期満了に伴い，名古道功会員が奥田香子会員に，勝亦啓文会員が畑中祥子会員に，山川和義会員が渡邊絹子会員に交代となったことが報告された。

4　日本学術会議報告

浅倉むつ子理事より，「日本の展望——学術からの提言2010」が2010年4月の日本学術会議において，承認，公表され，日本学術会議HPからダウンロードすることができる旨の報告がなされた。

5　国際労働法社会保障法学会

荒木尚志理事より，以下の通り報告がなされた。

① 2009年9月1〜4日にかけて，オーストラリア・シドニーにおいて菅野和夫会長のもと世界会議が行われ，約350名が参加，日本からは13名が参加した（英語，スペイン語通訳）。

② 役員に変動があり，菅野和夫会長の任期切れに伴い，ミカエル・セベリンスキー氏が会長に就任した。菅野和夫会長は名誉会長に就任され，荒木尚志理事がアジア地域副会長に就任した。

③ 学会の運用方法等につきタスクグループが立ち上げられた。

④ 今後の予定は以下のとおりである。

　　第8回　アメリカ地域会議　2010年5月25〜28日（コロンビア，カルタヘナ・デ・インディアス）

　　第10回　欧州地域会議　2011年9月21〜23日（スペイン，セビリア）

　　第20回　世界会議　2012年9月24日の週（詳細は未定）（チリ，サンチアゴ）

6　入退会について

土田道夫事務局長より，退会者3名および以下の18名について入会の申込みがあったことが報告され，総会にて承認された（50音順・敬称略）。出田健一（弁護士），

李羅炅（専修大学大学院），河村学（弁護士），木村一成（弁護士），後藤雄則（弁護士），迫田宏治（弁護士），嶋崎量（弁護士），仲琦（東京大学大学院），唐佳寧（中央大学大学院），中西基（弁護士），西和江（中央大学大学院），野中健次（社会保険労務士），彭光華（中国人民大学），本間茂雄（特定社会保険労務士），増田尚（弁護士），松本武人（弁護士），森原琴恵（連合・政治センター），山本志郎（中央大学大学院）。

7　代表理事の任期および理事の任期について

盛誠吾代表理事より，以下の通り報告がなされた。

代表理事の任期を1年半から2年に延長することに伴って，理事選挙は規約上，10条3項において「互選」により選出するとされていることに鑑み，理事の任期も3年から4年へ延長することが報告された。もっとも，これに伴って必要となる経過措置については，今後検討したうえ次回理事会に提案することとされた。

8　学会誌掲載論文の転載について

土田道夫事務局長より，学会誌掲載論稿の公衆送信・二次使用問題への対処として，学会誌掲載論稿の著作権が執筆者に帰属することを前提に，一定期間（1年間）は，出版社の許可なく，公衆送信および二次使用を認めないこととする基本方針が報告された。

具体的対応としては，日本労働法学会・法律文化社間の出版基本契約書を改訂し，「学会誌掲載論稿の公衆送信・二次使用に関する申し合わせ」を作成し会員へ周知を図ることが報告された。

9　日本労働法学会奨励賞について

盛誠吾代表理事より，審査委員について以下の通り報告がなされた。
審査委員長：野田進理事
審査委員：浅倉むつ子理事，石田眞理事，毛塚勝利理事，道幸哲也理事
任期：2年

なお，推薦締切期日は，第119回大会の大会案内においては2010年5月31日（月）とされていたが，同年6月末までに延長されたこと，また推薦先は野田進審査委員長の研究室へと変更し，その旨を学会HP上にて掲載することが報告された。

10　その他
(1)　選挙管理委員について

理事の改選にあたり，土田道夫事務局長より選挙管理委員について，以下の通り報告された。
　　選挙管理委員長：小畑史子理事
　　選挙管理委員：岩永昌晃会員，大木正俊会員，梶川敦子会員，山川和義会員
(2)　会費の徴収方法について
　土田道夫事務局長より，会費徴収方法の強化について以下の通り報告された。
①　3年以上の未納会員に対する取扱い
　理事会の決定に基づいて，秋季大会の大会案内に振込用紙および督促文を同封し，督促文において一定時期（2011年2月28日）までに納付が無い場合には退会したものとみなす旨を伝える。
②　3年未満の未納会員に対する取扱い
　理事会の決定に基づいて，秋季大会の大会案内に振込用紙および督促文を同封し，督促文において速やかな納付を求める。

◆日本労働法学会第120回大会案内◆

1　日時：2010年10月17日（日）
2　会場：中央大学　後楽園キャンパス
3　大シンポジウム
《統一テーマ》
　「雇用平等法の新たな展開」
　　司　会　浅倉むつ子（早稲田大学），石田眞（早稲田大学）
　　報告者　（報告テーマは仮）
　　　　　　和田肇（名古屋大学）「雇用平等法の現状と課題」
　　　　　　長谷川聡（中央学院大学）「雇用における性差別禁止法の現状と課題」
　　　　　　緒方桂子（広島大学）「雇用形態間の均等処遇」
　　　　　　山川和義（三重短期大学）「年齢差別禁止の法的意義とその方向性」
　　　　　　渡辺賢（大阪市立大学）「雇用の多様性と平等および差別の弾力的救済」

日本労働法学会規約

第1章　総　　則

第1条　本会は日本労働法学会と称する。
第2条　本会の事務所は理事会の定める所に置く。（改正，昭和39・4・10第28回総会）

第2章　目的及び事業

第3条　本会は労働法の研究を目的とし，あわせて研究者相互の協力を促進し，内外の学会との連絡及び協力を図ることを目的とする。
第4条　本会は前条の目的を達成するため，左の事業を行なう。
　1．研究報告会の開催
　2．機関誌その他刊行物の発行
　3．内外の学会との連絡及び協力
　4．公開講演会の開催，その他本会の目的を達成するために必要な事業

第3章　会　　員

第5条　労働法を研究する者は本会の会員となることができる。
　本会に名誉会員を置くことができる。名誉会員は理事会の推薦にもとづき総会で決定する。
　（改正，昭和47・10・9第44回総会）
第6条　会員になろうとする者は会員2名の紹介により理事会の承諾を得なければならない。
第7条　会員は総会の定めるところにより会費を納めなければならない。会費を滞納した者は理事会において退会したものとみなすことができる。
第8条　会員は機関誌及び刊行物の実費配布をうけることができる。（改正，昭和40・10・12第30回総会，昭和47・10・9第44回総会）

第4章　機　　関

第9条　本会に左の役員を置く。
　1．選挙により選出された理事（選挙理事）20名及び理事会の推薦による理事（推薦理事）若干名

2．監事　2名
（改正，昭和30・5・3第10回総会，昭和34・10・12第19回総会，昭和47・10・9第44回総会）
第10条　選挙理事及び監事は左の方法により選任する。
　1．理事及び監事の選挙を実施するために選挙管理委員会をおく。選挙管理委員会は理事会の指名する若干名の委員によって構成され，互選で委員長を選ぶ。
　2．理事は任期残存の理事をのぞく本項第5号所定の資格を有する会員の中から10名を無記名5名連記の投票により選挙する。
　3．監事は無記名2名連記の投票により選挙する。
　4．第2号及び第3号の選挙は選挙管理委員会発行の所定の用紙により郵送の方法による。
　5．選挙が実施される総会に対応する前年期までに入会し同期までの会費を既に納めている者は，第2号及び第3号の選挙につき選挙権及び被選挙権を有する。
　6．選挙において同点者が生じた場合は抽せんによって当選者をきめる。
　推薦理事は全理事の同意を得て理事会が推薦し総会の追認を受ける。
　代表理事は理事会において互選し，その任期は1年半とする。
　　（改正，昭和30・5・3第10回総会，昭和34・10・12第19回総会，昭和44・10・7第38回総会，昭和47・10・9第44回総会，昭和51・10・14第52回総会）
第11条　理事の任期は3年とし，理事の半数は1年半ごとに改選する。但し再選を妨げない。
　監事の任期は3年とし，再選は1回限りとする。
　補欠の理事及び監事の任期は前任者の残任期間とする。
　　（改正，昭和30・5・3第10回総会，平成17・10・16第110回総会）
第12条　代表理事は本会を代表する。代表理事に故障がある場合にはその指名した他の理事が職務を代行する。
第13条　理事は理事会を組織し，会務を執行する。
第14条　監事は会計及び会務執行の状況を監査する。
第15条　理事会は委員を委嘱し会務の執行を補助させることができる。
第16条　代表理事は毎年少くとも1回会員の通常総会を招集しなければならない。
　代表理事は必要があると認めるときは何時でも臨時総会を招集することができる。総会員の5分の1以上の者が会議の目的たる事項を示して請求した時は，代表理事は臨時総会を招集しなければならない。
第17条　総会の議事は出席会員の過半数をもって決する。総会に出席しない会員は書面により他の出席会員にその議決権を委任することができる。

第5章　規約の変更

第18条　本規約の変更は総会員の5分の1以上又は理事の過半数の提案により総会出席会員の3分の2以上の賛成を得なければならない。

学会事務局所在地
　〒602-8580　京都市上京区今出川通烏丸東入　同志社大学法学部・法学研究科
　　　　　　土田道夫研究室
　　　　　　TEL：075-251-3614
　　　　　　FAX：075-251-3060
　　　　　　e-mail：rougaku@gmail.com

SUMMARY

Actual Condition and Problems of Labor Dispute Resolution System in South Korea

John Lee

Most of important Korean labor laws were legislated during Korean-war (1950~1953). That time was a period of political upheaval, so there is not enough time to investigate and to discuss about the legislation. As a result, Korean government drafted the first Korean labor law referring the Japanese labor laws that had applied to Korea in Japanese colonialism.

Therefore, there are a lot of similarities in labor disputes settlement system as well as labor law system between Japan and Korea. For example, in Korean Labor Relations Commission, General Court and Labor Inspection Office are common resolution systems of labor disputes like Japan.

On the other hand as time has passed, Korean labor disputes resolution systems have changed slowly and Korean system have the different feature. For instance, Korean Labor Relations Commission had started as labor disputes resolution system in order to adjust labor disputes and judge unfair labor practices. In other words, Labor Relations Commission was only system which settled collective disputes until 1989. When individual labor disputes increased rapidly from 1980's, Labor Relations Commission became to treat even individual disputes like unfair dismissal by revised Labor Standard Law in 1989.

As a result, Korean Labor Relations Commission even came to handle individual disputes like unfair dismissal as well as collective disputes. Furthermore, Labor Relations Commission even deals with a discrimination problem against the irregular workers with legislation of Irregular

Worker Protection Law (IWPL) in 2007.

On the other hand, there are some structural problems, because Korean Labor Relations Commission was established as the system which settled collective disputes primarily. For example, the character of discrimination disputes that Labor Relations Commission came to handle in recent is different collective disputes. Therefore, if Labor Relations Commission needs know-how and technique in order to settle new type disputes.

Therefore, Judicial Reform Committee (JRC) which was made advisory body to promote judicial reform under former administration proposed reform of Labor Relations Commission and introduction of a Labor Court System. By the way, as the opinions of labor and management bodies and Labor Relations Commission were different, the proposal wasn't carried out.

Nevertheless, Korean Labor Relations Commission which settles individual labor disputes like unfair dismissal plays its role sufficiently. Lastly, when talking about reforming Japanese Labor Relations Commission, such a kind of view would be helpful.

The Current Situation and Issues of Labor Dispute Resolution System in Taiwan

Neng-chun Wang

I Introduction
II The Summary and Actual State of Labor Dispute Resolution System
  1 The Summary of Labor Dispute Resolution System
    (1) Administration Alternative Dispute Resolution
    (2) Judicial Resolution
  2 The Number and Categories of Dispute Cases
    (1) The Transition of the Number of Dispute Cases and Administra-

SUMMARY

  tion ADR Cases
 (2) The Number and Categories of Dispute Cases
 (3) The Result of Administration ADR Cases
 (4) The Result of Judicial Cases
Ⅲ The Characteristics of Labor Dispute Resolution System
 1 The Authorities of Labor Dispute Resolution
 (1) Courts
 (2) Administration Alternative Dispute Resolution
 (3) Corporate Internal Dispute Resolution
 2 The Methods of Dispute Resolution
 3 The Relation Between Labor Dispute Resolution System and Labor Relation
 4 The Relation Between Labor Dispute Resolution System and Substantive Law
Ⅳ The Issues of Labor Dispute Resolution System
 1 The Trend of Amendment or Discussing Situation
 (1) Labor Decision
 (2) Mediation and Conciliation
 (3) Arbitration
 (4) Order
 2 The Specialists of Labor Dispute Resolution
 3 What's an Efficient Labor Dispute Resolution System?
Ⅴ Conclusion

The Status Quo and Tasks of China's Labour Dispute Resolution System

Peng Guanghua

Abstract :

This paper analyzes China's Labour Dispute Resolution System by examining its characteristics and tasks it is confronted with.

In accordance with Labour Law (1995), China's Labour Dispute Resolution System is characterised by three-step procedural structures, that is, 'One Conciliation, One Arbitration, and Two Litigations' (*yitiao yicai ershen*). Conciliation is made mainly through Labour Dispute Conciliation Committee at the enterprise level. Furthermore, Law on Conciliation and Arbitration (2008) extends the conciliation institution to 'people's conciliation organisations established according to the law' and 'the organisations with the functions of labour dispute conciliations founded at the levels of counties, towns and neighbourhood.' Arbitration is carried out via the arbitration institution under the jurisdiction of arbitration committees that are established by the governments at the county level or above. This is the primary institution and means of current China's labour dispute resolution. Litigations are undertaken by the courts. However, China's labour dispute litigation proceeds within the system of 'four levels, two litigations': labour dispute litigations are undertaken mainly at the primary courts and intermediate courts (if the first litigation is conducted at the intermediate courts, the second litigation then proceed to the high court). Consequently, labour dispute cases cannot be proceed to the Supreme Court. Therefore, it is difficult to form the legal principles for jurisprudence as the basis of labour dispute resolution in China.

On the other hand, according to China's Labour Statistics Year Books (1995-2009), the incidence of labour dispute has kept growing. The cases

SUMMARY

of collective disputes and the number of people involved have been increasing dramatically. Most of labour disputes occurred in the economically developed areas. This can be predicted that the labour disputes may maintain a growing trend in the next few years, and may spread to inland provinces. Therefore, it is necessary to clarify the tasks of China's labour dispute resolution, via the analysis of reasons for and resolution systems of labour disputes occurred in six South-eastern provinces.

The reasons for high incidence of China's labour disputes are extremely complicated. It is partly due to lack of law-abiding consciousness of entrepreneurs, workers' weak awareness of labour rights, imbalance between actors of labour relations and absence of representatives of labour rights, as well as insufficient labour inspection system. The main reason, however, is the vulnerable dispute prevention system of trade unions and the absence of collective bargaining system.

Therefore, to establish an effective China's labour dispute resolution systems, firstly, it is necessary to improve the law-abiding consciousness of entrepreneurs, to strengthen the functions of labour inspections and trade unions, as well as to set up the collective bargaining system, in order to inhibit the high incidence of labour disputes. In addition to enhance the administrative arbitration functions, it is necessary to effectively implement different kinds of conciliations stipulated in Law on Conciliation and Arbitration. The key tasks of strengthening arbitration, implementing conciliation, and effectively settle China's labour disputes are to educate a group of people with abundant knowledge and experience, including arbitrators.

Keywords : labour disputes; conciliation; arbitration; labour inspection

Employment Dispute Resolution System : Japan's situation among East Asian countries

Susumu NODA

The aim of this research is to compare the Japanese Employment Dispute Resolution System with these (other) Systems in East Asian countries (China, Korea, Taiwan), and to make weakness and questions regarding the Japanese system clear.

In Japan, we established several types of new Employment Dispute Resolution institutions, that is, (a) Labour Tribunal by regional courts in 2006, (b) Mediation Service by local office of MHLW in 2001, (c) Mediation Service by prefectural labour commission in about 2004. These systems could be said now successful to a certain extent from the fact that the number of the claim for Labour Tribunal and Mediation services is unexpectedly increasing.

However these institutions and methods for labour disputes have many crucial problems, both on the principle level and functional level. It is concerned that, as the number of case received at Labour Tribunals and Mediations increases, these ADR institutions will not be able to function well as those for resolution of labour disputes.

Through this comparative research, I analyze the important features and the serious problems of our system, and suggest some clues and measures to solve them.

SUMMARY

Current Situations and Issues in the UK Equality Laws

Yuka MIYAZAKI

Since the enactment of the first anti-discrimination act, the Race Relations Act 1965, the UK has experienced the remarkable development in the Equality Laws. This article tries to consider the development of the Laws, especially focusing on the Equality Act 2006 and the Equality Act 2010. It suggests that the UK Equality Laws have gradually expanded their scopes in two ways; firstly in the prohibited grounds of discrimination and secondly in their purposes. The latter can be seen precisely in the establishment of the public duties which places positive duties on public authorities to take action to overcome institutional discrimination inherent in their policies and practices.

I   Background of the development of the Equality Laws in the UK

II   Enforcement of the Equality Laws
  1   Individual Remedies
  2   Agencies for Equality
  3   Limitation of theTraditional Approach

III   Establishment of a Single Equality Commission and a Single Equality Act
  1   The Equality Act 2006
  2   The Equality Act 2010

IV   Significances and Issues of the Equality Act 2010

How should Law Perform for Temporary Agency Workers in Labor Market? : An Analysis of Dutch and German System with Job Security and Equal Treatment

Atsushi HONJO

Worker dispatch system is closely related to the legal system of supply and demand for labor force, requiring a systematic analysis of each legal system and labor market situation. This paper discusses, through the study of Dutch and German law which pivot on dismissal protection, how should the regulations for dispatched workers perform in labor market. First, as a common point, both countries abolished the principle to give importance to direct employment and public regulation such as time limits, and focuses on protecting individual agency workers by promoting the principle of equal treatment. However, this principle merely indicates general standard of wage determination, and it doesn't require equal treatment normatively such as anti-discrimination legislation. Second, there are fundamental differences between the Netherlands and Germany, in terms of whether policy-induced to direct employment. It's because the difference between, the traditional regulatory approach about the use of fixed-term employment, and evaluation of the legitimacy of collective agreements, as a exception to the principle of equal treatment. From the experiences of these countries, in Japan, individual agency workers themselves should be protected by civil law, and at the same time, by providing information of vacancy, law should guide them to better regular employment gently.

SUMMARY

Les procédures collectives des entreprises et la licenciement en France

Yoshiharu **TOYA**

Introduction

I   Le precis de la procédure collective française

II Création de la sauvegarde des entreprises et les règles relatives aux licenciements
1   Sauvegarde des entreprises
2   Les règles relatives aux licenciements dans la procédure de sauvegarde des entreprises

III Licenciements en période d'observation
1   Procédure de redressement judiciare
2   L'ouverture de redressement judiciare et la conséquence des contrat du travail
3   Les recours à l'encontre de l'ordonnance autrisant les licenciement et la situation individuelle des salariés

IV Licenciements dans les plans de redressement
1   Plan de redressement prévoyant les licenciements
2   Plan de redressement et la cession d'entreprise

V   Licenciements en liquidation judiciaire

VI Compétence du tribunal de commerce et du conseil de prud'hommes

VII Conclusion

編集後記

◇ 本号は2010年5月16日に名古屋大学にて開催された第119回大会における個別報告と大シンポジウム報告のほか，学会創立60周年を記念した学会代表理事経験者らのエッセイ，これに回顧と展望を加えて，内容盛大に構成されている。

◇ 大シンポジウム報告は，アジア各国の労働紛争解決システムについて，制度と機能の両観点をクロスさせ分析したスケールの大きな研究を紹介するものである。各報告者は興味深い成果を提示し，参加者の高い関心と多数の発言を喚起した。

◇ 記念エッセイは，国内外の労働法学の動向から労働法政策への課題提起，あるいは労働法学者の研究姿勢と矜持を取り上げる興味深い記事が揃った。会員のみならず本誌を愛読する広い読者層に日本労働法学会の現況と労働法が直面する課題全体を紹介し，かつ今後の活発な学術展開を期待させる内容となったに違いない。

◇ 本号のすべての執筆者に短期間で御執筆を御願いしたにもかかわらず，御理解と御協力を得て入稿を頂くことが出来た。査読委員長小宮文人会員と覆面査読者諸氏には多大な御支援と御助言を頂いた。法律文化社の秋山泰氏には親身の御助力と御配慮を賜った。記して皆さまに心より御礼申し上げたい。

◇ 編集委員長 野川忍会員の指示の下，編集委員中内哲会員および細谷越史会員，その他の会員諸氏との共同作業は，時間不足と寝不足を和らげる技巧とユーモアが溢れた楽しい編集経験になった。この場を借りて深く感謝申し上げたい。　　　　　　　　　　（紺屋博昭／記）

《学会誌編集委員会》
野川忍（委員長），桑村裕美子，古川陽二，竹内寿，長谷川聡，梶川敦子，紺屋博昭，中内哲，篠原信貴，細谷越史，奥田香子，渡邊絹子，畑中祥子　（以上，2010年9月現在）

東アジアにおける労働紛争処理システムの現状と課題
日本労働法学会誌116号

2010年10月10日　印　刷
2010年10月20日　発　行

編　集　者　日本労働法学会
発　行　者

印刷所　株式会社　共同印刷工業　〒615-0052 京都市右京区西院清水町156-1
　　　　　　　　　　　　　　　　　電　話　(075)313-1010

発売元　株式会社　法律文化社　〒603-8053 京都市北区上賀茂岩ヶ垣内町71
　　　　　　　　　　　　　　　電　話　(075)791-7131
　　　　　　　　　　　　　　　ＦＡＸ　(075)721-8400

2010 Ⓒ 日本労働法学会　Printed in Japan
装丁　白沢　正
ISBN978-4-589-03296-6